児童の福祉を支える

～演習～

社会的養護 II

吉田眞理
＊編著＊

高橋一弘・村田紋子

萌文書林

はじめに

　家族を失った子どものためにあった児童福祉施設は、家族により傷ついた子どもの養護の場となった。そればかりではなく、児童福祉施設には、ほかの社会資源と連携しながら家族を修復することも求められるようになっている。施設で働く保育士には、高い専門性をもつ「福祉職」としての自覚とその機能が求められている。当然、保育士の役割は子どもと一緒に暮らす「家族の代替者」ではなく、子どもと家族に対応する「専門的な支援者」になる。

　一方、子どもを育むことは第一義的には両親の責任であるが、それが果たしにくい状況にある家庭が多いことが現代社会の課題となっている。「子どもの貧困」や児童虐待、DVなどはその一例である。施設で暮らす子どもに限らず、すべての子どもに対する社会の養護が必要な時代にあるといえよう。社会的養護Ⅰの知識をもとに社会的養護Ⅱを学ぶことにより、子どもの権利、家庭や社会の具体的なあり方について理解を深めることができる。

　すべての子どもたちの養護を社会全体、専門職のみならずすべての住民が意識していくことが不可欠になっているのである。

　このような時代に本書は、社会的養護が目指そうとしている方向性と家族、子どもへの支援のあり方を「子どもの最善の利益」という視点から解説し、保育士の専門性にかかわる知識・技術とその応用に関しても具体的に述べている。

　本書を通じて社会的養護のあり方を学んだ学生が、施設だけでなく保育所で、また住民の一人として、児童の福祉を支え、「子どもの最善の利益」を守る主体となり、「子どもの最善の利益」実現に向けて働きかけていくことを祈念している。

吉田眞理

＊本書は、『児童の福祉を支える〈演習〉社会的養護内容』（2011年初版、2016年第3版刊行）に加筆修正の上、『児童の福祉を支える〈演習〉社会的養護Ⅱ』としてまとめたものである。

第2章

社会的養護の実際

Ⅰ 児童養護の体系と児童福祉施設の概要

Ⅱ 施設養護・家庭養護の生活特性と 支援の実際

第**3**章

保育の専門性にかかわる 知識・技術とその実践

Ⅰ 心の傷を癒し、心を育むための援助

第**4**章

社会的養護の課題と展望

☀ *Column* •—————————————————————————————•

💡学びのヒント •—————————————————————————————•

第 *1* 章

子ども理解に基づく
社会的養護

社会的養護における子ども理解と支援の基本

§1　子どもの最善の利益

　「児童の権利に関する条約」（以下「条約」）は、1989年に国際連合（国連）総会で採択された。その内容は、子ども自身が幸せになること、つまり「児童の最善の利益」を目標にするという支援の視点を示している。では、そのために支援者はどうすればよいのであろうか。ここでは「条約」の第3条「児童の最善の利益」を取り上げる。特に、

　　①子どもの意見表明権
　　②差別の禁止

を視点に、具体的な解説をしていく。演習課題を通じて、このほかの様々な場面を想定し、**子どもの最善の利益**を守るということは具体的にどのようなことなのか、それぞれの意見を出して話し合ってほしい。

子どもの最善の利益について考えよう

　Aさんは高校2年生、児童養護施設（第2章Ⅱ§1 〔p.78-〕）に入所して5年目である。時々帰宅もしている。母親はアジア系外国人で、日本人の父親は借金を残したまま行方不明である。Aさんの進路を決める時期になった。職員のKは「きみのお母さんは外国人で、読み書きもやっとだよね。Cさん（両親とも大卒で、本人も大学に通っている）と同じというわけにはいかないよね。早く就職すればお母さんも楽になるじゃないか」とAさんに言っている。新任職員Mは、進路についてAさんの希望を聞いてみたのだが、Aさんは「私のお母さんは外国人だし……」と繰り返している。

《Q1》Aさんの最善の利益とは何であろうか？

《Q2》職員Kの言動についてあなたはどう考えただろうか？

《Q3》あなたが新任職員Mだったら、この後どうするだろうか？

＊1　施設から自分の家に帰って、週末や長期休暇を過ごすこと。

Ｑ１を考える視点

◇子どもは、自分に関係あるすべてのことについて自分の意見を言うことができる、と「条約」（第12条１）にある。

◇Ａさんが自己決定できる環境とは、Ａさんが自分の生まれや性別などへの差別を越えて、考えられるようにしていくことである。

Ｑ２を考える視点

◇職員ＫはＡさんが自分の意見を言いやすいように気をつける必要があるだろう。

◇Ａさんの最善の利益についてＡさんが自分で決めていく過程に職員Ｋがつきあっていくことが求められるだろう。

Ｑ３を考える視点

◇Ａさんは、自分の権利に気づいているだろうか。

◇Ａさんが自分の意見を言えるようになるためには、Ａさんの意見をよく聞くことが必要であろう。

1.「子どもの最善の利益」とは

（1）子どもの意見表明権を大切に

　子どもが自分の意見をもち、みなに伝えること、つまり「<u>**意見表明**すること</u>」は子どもの重要な権利である。「条約」には以下のように記されている。

> **第12条 1**　締約国は、自己の意見を形成する能力のある児童がその児童に影響を及ぼすすべての事項について自由に自己の意見を表明する権利を確保する。この場合において、児童の意見は、その児童の年齢及び成熟度に従って相応に考慮されるものとする。

　子ども自身が自分の「最善の利益」に基づいて自分の意見を言えるようになるためには、<u>子どもが自分で決めていく過程に保育士がつきあっていくこと</u>が求められる。
　「まだ小さいから」と、子どもの意見を適当に聞いていてはならない。
　「自分で決めなさい」と、子どもを突き放すようなことがあってはならない。
　<u>子どもが自分の意見をもてるようになるために保育士にできること</u>には、次のような働きかけがある。

❖意見表明する力を育てるために

- ・自由に意見を言える機会をつくる。
- ・意見が取り上げられる経験をする。
- ・自分の意見が周囲にどのような影響を与えたかを知る。
- ・ほかの人の意見をよく聞き、相手を理解できるようになるための支援をする。
- ・話し合いを通じて周囲の意見と折り合っていく経験をする。
- ・集団や社会の一員としての自覚をもって意見を言うよう働きかける。

　例えば、３歳のＴちゃんが「仲良しのＭちゃんと同室になりたい」と言ったとき、あなたはどう答えるだろうか。「施設の会議で決めることだから」と答えるだろうか、Ｔちゃんの話をよく聞き一緒に考えるだろうか。それは、子どもの意見表明をあなたがどのように考えているかにかかってくる。このように、子どもの意見表明権は生活の中で生きてくることなのである。

　保育士の役割には子どもの意見を表明する力を育てていくということがある。

　そのためには、<u>施設を子どもが意見を言いやすい**環境**にしていく必要がある</u>。子どもが保育士に気に入られるような意見を言っているようでは「子どもの意見表明権」が守られているとはいえない。

（２）個としての尊重と「差別の禁止」

　差別の原因は多くあるが、子どもを<u>「いかなる差別もなしに」</u>受け止めていくことが重要である。

❖差別の原因には……

　　生まれ──「親があんな人だから」「家が貧しいから」「外国籍なのに」

　　障　害──「障害があるのだから仕方ない」「あの子にはどうせわからない」

　　性　別──「女のくせに」「男なんだから」「女みたいだ」「男らしくない」

　「条約」第２条には「差別の禁止」について次のように定められている。

　第２条１　締約国は、その管轄の下にある児童に対し、児童又はその父母若しくは法定保護者の人種、皮膚の色、性、言語、宗教、政治的意見その他の意見、国民的、種族的若しくは社会的出身、財産、心身障害、出生又は他の地位にかかわらず、いかなる差別もなしにこの条約に定める権利を尊重し、及び確保する。

2．エンパワーメントアプローチとアドボカシー

（1）エンパワーメント実践

施設に入所している子どもは「もうどうなってもよい」「どうせ自分なんか……」と考えていることがある。そんな子どもに対し、「あなたを大切に思っている」と伝えることも、保育士による養護の内容に求められる。そして保育士は、子どもが自分の権利に気づき、意見表明できるように支援していく役割をもっている。それは、子どもに対する**エンパワーメント**実践の第一歩である。

エンパワーメント実践とは本来、社会の中で不利な立場にある人たちが、自らの手で自らの社会的位置付けを確実なものにしていくことへの支援である。社会の中で不利な立場にある人たちには、例えば、人種、信教、国籍などの違いによる少数派や障害者、貧困層、高齢者、女性などがいる。また、施設で暮らす子どももその中にはいる。施設の子どもたちが、自分たちの大切さに気づき、自分のことや施設の生活に関して意見が言えるようになり、自分の力で自分の人生を切り開いていけるようになることへの支援が養護におけるエンパワーメント実践である。それは子どものもつ力を信じることから始まる。

❖ **エンパワーメントを支えるストレングス視点**

ストレングス視点とは「強さ志向の視点」ともいわれ、人のもつ強さに着目する考え方である。障害がどんなに重くとも、周囲の環境がどんなに厳しくとも、幼い子どもだとしても、その人は道を切り開く力を必ず秘めているのだ、という人間観である。施設保育士は、子ども自身がもっている強さや回復力（レジリアンス）を信じて、その力を発揮できるように支援するのである。

（2）アドボカシーの取り組み

アドボカシーは、保育士に求められている権利の代弁や擁護である。

❖アドボカシーとは

　　　福祉分野においては、権利の代弁、擁護のことを指す。<u>権利を主張しにくい人（入所児童など）が自分自身の権利を守れるようになる</u>ために、あるときは代わりに、あるときは一緒に発言したり、行動したりすることである。

　しかし、子どもの権利を守ろうとして子どもの代わりに動きすぎると、子どもの経験機会を奪ってしまうことがある。そのため、何事も
- ・個々の子どもの発達に合わせて
- ・どんな障害があっても
- ・根気強く
- ・子ども自身によく聞いて

行うことが大切である。

　例えば、入所児童のBくんが中学校で教員から「きみは施設の子だから、活動費がたくさんかかる○○部への入部は無理だよね」と言われたとしよう。Bくんの代わりに先生に苦情を言うのがあなたの役割だろうか。

　Bくんが自分自身の権利を自分で守るために行動できるように支援するのが、あなたの役割である。

❖もっとアドボカシーを！

　　　アドボカシーという言葉は政策提言という意味でも使われている。「制度が悪い」「職員が少ない」と言うだけでは、問題は解決しない。現場で困っていることに関して意見を言うことも、保育士の役割である。子どもの最善の利益を実現するために、現場の声を集めて、より大きな動きをつくりながら政策や制度改革を提言していくことが求められる。

（3）実習生と権利擁護

　最近では、年間を通して実習生がいる施設も珍しくない。家庭に近い環境づくりを目指しているのに、<u>なぜ他人である実習生が施設に来るのだろう</u>。

❖**実習生が施設に来る意味**（*権利擁護の視点から*）

- ・福祉の人材を育成するため
- ・外部の人の目で養護の質を見直すため

❖**実習生の受け入れについても、子どもの性的なプライバシーを重要視する**
（*子どもの権利擁護のために*）

- ・幼児に関しても、同様である。
- ・子どもの意思によらない、実習生による入浴介助は避けたい。
- ・実習生による排泄や入浴の異性介助について、「障害があるから構わないだろう」と考えない。

　子どもの人権という視点から、<u>実習生と子どもの適切なかかわり方や距離</u>について、オンブズパーソン（後述）など外部の専門組織に、施設が主体的に相談していくことも必要であろう。

　児童福祉施設には、保育士だけではなく、社会福祉士、介護福祉士、教員などの多様な分野の実習生がやってくる。これらの職種は広い目でみれば、将来子どもの福祉に取り組む人たちである。たとえ、将来そのような職業に就かなかったとしても、施設で暮らす子どもの姿を理解している人が社会に増えることは、子どもを社会の中で守り育てる人が増えることにつながる。

　実習の後、「この施設の養護や環境について気になったことはありませんか？」というアンケートをとり、施設の養護内容をさらに見直していこうとしている児童福祉施設もある。職員は一生懸命やっているつもりでも子どもの視点をつい忘れてしまうことがあるので、このような取り組みは意義深い。

3．子どもの意見表明

（1）子どもオンブズパーソンと子どもアドボカシー

オンブズパーソン（オンブズマン）とは、代理人という意味であり、公的機関の違法行為を発見したり、苦情を解決したりする人たちのことである。

❖オンブズパーソン

　　スウェーデンで生まれ、現在では様々な領域で活動がなされている。市民レベルで自主的に活動する市民オンブズパーソン、子どもの権利を守るために活動する子どもオンブズパーソンなどがいる。[*2]

「条約」にある子どもの権利や子どもの最善の利益について大人に投げかけ、子どもの権利を守る意識をもつ大人を増やすこともオンブズパーソンの役割であり、「子どもの権利擁護委員」などもオンブズパーソンの一つである。

❖子どもアドボカシー

　　2016年の児童福祉法改正において、「子どもの意見の尊重」が明記され、2022年の児童福祉法改正では「子どもの権利擁護の環境整備」「子どもの意見聴取等の措置」「意見表明等支援事業」が盛り込まれた。

（2）施設の子ども会

　子どもが意見を述べ、自己決定していく一方法として、「子ども会」「児童会」のような名称の、子どもたちによる自主的な話し合いの場がある。

　子ども会で意見を言うことにより、自分の考えたことや感じたことを整理

＊2　公的な制度概念に該当と考えられる機関は全国で28自治体（2017年）。子ども情報研究センター「「都道府県児童福祉審議会を活用した子どもの権利擁護の仕組み」調査研究報告書」（平成29年度子ども・子育て支援推進調査研究事業）、2018年、p.50

したり確認したりする経験ができる。子ども会への参加支援も保育士の役割である。その際は、子どもの「年齢及び成熟度」を見極めることが大切である。

❖ ソーシャルワーク （📖p. 30「学びのヒント」）の技術を活用

　　　子ども同士が自由で対等に意見を言い合い、話し合いを促進するための支援には、集団援助技術（グループワーク　📖第3章Ⅲ§1-2.（p. 195-））が活用できるであろう。

（3）子ども会活動による意見表明

　子どもが施設に対して子ども会を通して発言することがある。子どもが責任をもって意見を言える社会の一員として成長するように、施設の子ども会活動を通じた意見表明を支援しよう。

　また、「子どもの最善の利益」のために子どもの意見を聞いたり、第三者委員（📖§4-2.（p. 50-））の存在や役割を知らせたりすることも求められる。

❖ 児童養護施設第三者評価

　　　児童養護施設第三者評価でも、子どもが自主的に意見を言えていること、それが施設運営に反映されていることが重視されている。その際、子ども集団への職員のかかわりが、その方向性や子どもの意見を誘導するものであってはならない。

（4）知的障害児の意見表明

　知的障害のある子どもにかかわっていると、「自分ではわからないだろう」「代わりに決めてあげよう」と思ってしまうことがある。しかし知的障害があるからこそ、発達に合わせた丁寧な説明をしながら、本人が選ぶ機会をできる限り増やしていくことが大切な支援となる。

知的障害がある子どもの最善の利益を考える

　この施設では、それぞれの子どもがその年に所属する作業班[*3]が毎年 4 月に決まる。17 歳の C くんは空き缶つぶしの班に決まった。それは、C くんは手先があまり器用ではないが、力があるので空き缶つぶしに適性があると職員が考え、会議で決めたからである。しかし、C くんは作業に身が入らないようである。今日も時間になったので、職員 H が「C くん、作業に行こうか」と声をかけるが、C くんは「いやだ！　行かない」と言って、居室から出ようとしない。そこで、職員 H は空き缶つぶしの担当者に、「今日は、C くんは作業を休みたいと言っています。子どもの意見を聞くのは大切なことなので、今日は C くんを休ませたらどうでしょうか」と話した。

　《Q 1》C くんの最善の利益とは何であろうか？

　《Q 2》職員 H の言動についてあなたはどう考えただろうか？

　《Q 3》あなたが職員 H だったら、どうするだろうか？

＊3　知的障害児の入所施設では、機能訓練や生活リズムをつくるために、それぞれの子どもの特性に合わせた班をつくり、班単位で作業をしていることがある。

子どもの最善の利益

Q1

◇子どもは、自分に関係あるすべてのことについて自分の意見を言うことができ
る、と「条約」（第12条1　　p. 13）にある。

◇Cくんは班決めのときに、意見を聞かれただろうか？

Q2

◇職員Hは、Cくんが自分で決める過程につきあっていく必要があるだろう。

◇この場合のCくんの最善の利益とは、今の気持ちを通すことだけではないかも
しれない。

Q3

◇Cくんが自分の最善の利益について考えられるような環境づくりには、どのよ
うな条件が必要だろうか。

◇Cくんが自分のために一番良い方法を決めていくには、どのような支援が必要
だろうか。

§2　生存と発達の保障

　施設保育士による生存と発達の保障のあり方を視点に検討する。

　人生は発達の連続であるが、子どもの成長発達は特に著しい。それだけに環境からの影響を大きく受ける。支援者はそれを意識してかかわらなければならない。さらに、社会的養護の場では、生存の権利さえも奪われかねない経験をした子どもを支援することになる。その子どもを支援する者は、成育過程で子どもに負わされたマイナス体験を補うだけではなく、人格や才能を含む能力の発達への支援までも担うことになる。大切であるが困難なその仕事は、一人ではできない。施設内、また施設外の関係機関や地域などとの連携が必要になる。そのときに、子どもの一番近くにいる者として「子どもの最善の利益」を代弁するためにも、生存と発達の保障について日々考えながら養護することが大切になる。

　ここでは、「条約」が締約国に求めている、

　　第6条　生命、生存及び発達の権利

　　第24条　健康の享受、病気の治療及び健康の回復のための権利

　　第29条　才能並びに精神的、身体的能力発達の権利

を基において、生存と発達の保障について考えていく。

生存と発達の保障について考えよう

　児童養護施設M園では、2か月前に本園から少し離れた場所にグループ
ホーム（第4章Ⅰ§1-1.〔p. 226-〕）ができた。グループホームは、小さいが
一戸建ての家である。食事一つをとっても、調理室で作られたものを大食堂
で食べる大舎とは違っている。家庭と同じく、食事は保育士Eが家の台所で
支度する。グループホームの担当になった保育士Eには、子どもたちが大舎
のときより食事を楽しんでいるようにみえた。そこで、一人前ずつお盆に乗
せて調理室から受け取って食べていた大舎とは違うような食卓を演出してみ
よう、と考えた。次の日、食卓の中央に、大皿に綺麗に盛りつけた串揚げと
大鉢の肉ジャガやサラダが並んだ。保育士Eは、その日の夕食は話がはずむ
だろう、と考えていた。しかし子どもたちは、大皿と大鉢のおかずを奪い合
い、自分の皿にてんこ盛りに取る子もいて大騒ぎになってしまった。

《Q1》施設における食育とは何であろうか？

《Q2》子どもたちの行動についてあなたはどう考えただろうか？

《Q3》あなたが保育士Eだったら、この後どうするだろうか？

＊4　児童福祉施設の設備及び運営に関する基準第41条では、児童養護施設には「児童の
　　居室、相談室、調理室、浴室及び便所を設けること」とされている。

Q1を考える視点

◇ 食欲を満たし、栄養をとる以外に食事の意味がある。それは何だろう。

◇ 食事のとり方を学ぶためには、多様な場面で食事をする経験も必要である。

Q2を考える視点

◇ あなたは、大人の価値観や道徳的な善悪で子どもたちの行動を裁こうとしなかっただろうか？

◇ 子どもたちの行動は、大舎制施設の大食堂の食事しか経験していないためではないだろうか。

Q3を考える視点

◇ こうならないためには、一緒に食事する大人からの働きかけが必要である。

◇ 保育士Eがこの後できることは何だろうか？

◇ あなたが良いと思う家庭での食事の時間の過ごし方はどんなものだろうか？

1．子どもの健康と成長を守る取り組み

（1）健康を守る

　保育士には子どもたちの健康を守るという役割がある。家庭の場合、家族は、どんな場合に子どもが体調を崩しやすく、どの程度の熱までなら大丈夫で、どのような様子なら心配なのか、ということを体験的に知っている。子ども自身も、健康維持に関する知識を生活の中で親から受けている。

　施設で子どもに年齢なりの健康習慣を身につけさせるのは保育士である。

❖児童福祉施設では

- ・入所時の健康診断を行う。
- ・少なくとも1年に2回の定期健康診断及び臨時の健康診断を行う。
- ・学校での健康診断結果も子どもの健康管理に活用する。

　子どもの健康状態をみる視点は、機嫌、元気さ、表情、顔色、食欲、睡眠、排泄である。個々の子どもの体調に変化があると感じたときは、生活の変化や最近の出来事も頭に入れながら子どもの話を聴くことも大切である。

（2）人としての成長を支えるかかわり

健康を支える取り組みの形が整えられていればそれで十分なわけではない。

- ・清潔な部屋で、会話を自由に楽しみながら食事する。
- ・献立に変化をつけ、好みを考えて提供し、ときにはその子だけのために好物を作る。
- ・自分のことを安心して話せる職員との関係がある。
- ・病気のときには消化が良いものを提供し、食欲がわくように工夫する。

　乳児院（連携➡第2章Ⅱ§2-1.〔p. 89-〕）における養育に関しては、健康への配慮とともに人格形成の基盤をつくることが求められる。

・心をこめて抱き、声かけをしながらミルクを与える。

・散歩のときも、乳児との触れ合いを通じて心地良い気持ちを共有する。

このような養護こそ、保育士が得意とすることであり、保育士の専門性発揮の場面といえるであろう。

（3）発達に応じたかかわり

保育士には個々の子どもの心身の発達に応じてかかわり方を変えていくことが求められる。特にかかわりが難しいのが思春期である。第二次性徴が現れ、心身に変化が起きるが、この時期は子ども個々の発達により異なる。

❖子どもの生と性

・子ども同士の性的問題に気を配る必要がある。

・異性間だけではなく、同性の間でも性的問題が生ずることがある。

・子どもの育ちに応じて、子ども自身のアイデンティティや自他の境界、羞恥心などに特に配慮していく必要がある。

個室化が進んでいる現状では、子どもの様子を観察することが難しくなっている実態もある。だからこそ、何か少しでも気になることがあれば、職員同士で情報を共有し、早めに対応することが必要である。また、職員や実習生、ボランティアと子どもの関係も、入浴や排泄のような問題に関しては、同性、異性にかかわらず配慮しなくてはならない。

（4）施設の安全管理[*5]

児童福祉施設における事故防止の基本は、安全点検である。年間安全点検計画を作り、担当者を決めて安全点検をする必要がある。

＊5　児童福祉施設の設備及び運営に関する基準では次のように定められている。
　　第6条　児童福祉施設（中略）においては、軽便消火器等の消火用具、非常口その他非常災害に必要な設備を設けるとともに、非常災害に対する具体的計画を立て、これに対する不断の注意と訓練をするように努めなければならない。
　　　2　前項の訓練のうち、避難及び消火に対する訓練は、少なくとも毎月1回は、これを行わなければならない。

❖ 日頃から

- 災害時の職員の配置や役割を確認する。
- 定期的な避難訓練を近隣と共同で実施する。
- 死角となる場所や時間をなくす。

❖ 月1回

- 避難及び消火に対する訓練をする。
- 階段、廊下、手洗い、浴室、屋上、ベランダの安全確認をする。
- 施設内に子どもが遊んで危ない場所がないか確認する。
- 事故が起こる可能性について、くまなく点検する。

　施設を地域に開放することもあるが、子どもの**安全**を考え、状況に応じて施錠や人の出入りの管理が必要である。また、地域の不審者情報をいち早くつかみ、施設内だけではなく近隣の治安向上に協力することが求められる。

❖ 災害時に備え

- 避難経路、防火用水、消火栓、防火扉を確認しておく。
- 家具や家電の固定状態の確認をする。

2．発達保障とICF

（1）重症心身障害児の発達

　重い障害児の養護に際しては、生きていること自体を支える医療的・保護的かかわりのみが重視されることがある。しかし保育士には、子どもの発達に合わせた環境や遊具、かかわりなどを通じて働きかけることのできる専門性がある。生き生きとした生活をイメージできるような環境を整えることも

発達保障として求められる。例えば、風や光を感じられる環境構成のため、居室の家具や壁や天井の色、カーテンや装飾などを工夫することは可能であろう。食事も、誤飲や摂食量への配慮だけではなく、楽しく美味しく食べられるように気を配りたい。また、性の発達に配慮しながら入浴支援をすることも、発達保障として大切である。^{*6}

❖発達保障

　　糸賀一雄（1914〜1968）が知的障害児に関して使った言葉である。どんなにゆっくりだとしても、すべての子どもは発達していく力をもっている。であるから、どのような子どもにもその子なりの発達を保障していく必要がある、という考え方である。

（2）障害とは

　2001年のWHO総会において、**国際生活機能分類**（International Classification of Functioning, Disability and Health：ICF）が採択された。^{*7}ICFの特徴は、個人が訓練や治療で障害を克服して、社会の枠組みに何とか参加していこう、ということだけに焦点を合わせるのではなく、環境の方を変えることで暮らしやすくしていくことにも焦点を合わせようという考え方である。WHOのICFは、「障害者」を「健常者」と別扱いにしていたことから、人の状態の一つとして理解するという方向への変化を示している。

❖障害が「ある」「ない」

　　ICFでは、人を「障害がある人」「障害がない人」というように、個人の問題としてみるのではなく、人と環境との関係の問題として見ていく。「障害者」という人がいるのではなく、環境との関係で起こる「暮らしにくい状

＊6　やむをえない異性介助を行う場合、施設が、本人、家族、介助者という三者の同意を得ることが原則である、という人権擁護の考え方がある。

＊7　〔World Health Organization〕世界保健機関。国際連合の専門機関。

態」が「ある」か「ない」かという視点から理解する。

（3）施設における食育

　施設入所児にとって、食育の場は施設である。家庭なら、食材を買うことや食事を作る場面、作る人の気持ちや栄養・好き嫌いへの配慮、盛りつけ、適切な量を自分で判断して食べること、などを、家族のかかわりを通じて知ることができる。グループホームにおいては、意識しなくてもそのような機会に恵まれることが多いが、大舎制施設では、そのような経験をする機会を意識してつくっていくことが求められる。

　たとえ障害が重くても、個々の子どもの状態に応じた食育が求められる。食事介助により食を楽しむ、食べ物を自分で口に運ぶ、こぼさずに食べる、しっかりと噛む、など発達の状態を把握した食育をしてほしい。

❖食育基本法

　　2005（平成17）年に施行されたこの法律は、食に関する教育を通じて健全な心身と豊かな人間性を育むことを目的としている。また、家庭における食育の必要性を述べている。

　　食育とは、生産から消費に至るプロセス、栄養バランス、安全性、日本の食文化や食事の作法など、食に関する正しい知識を身につけるためのすべての取り組みを指す。

学びの ヒント

ソーシャルワークのグローバル定義

　ソーシャルワークのグローバル定義が2014年7月、メルボルンにおける国際ソーシャルワーカー連盟（IFSW）総会と国際ソーシャルワーク学校連盟（IASSW）総会で採択された。日本語定義は社会福祉専門職団体協議会と日本社会福祉教育学校連盟による。

　「ソーシャルワークは、社会変革と社会開発、社会的結束、および人々のエンパワメントと解放を促進する、実践に基づいた専門職であり学問である。社会正義、人権、集団的責任、および多様性尊重の諸原理は、ソーシャルワークの中核をなす。ソーシャルワークの理論、社会科学、人文学、および地域・民族固有の知を基盤として、ソーシャルワークは、生活課題に取り組みウェルビーイング[*8]を高めるよう、人々やさまざまな構造に働きかける」。

＊8　〔well-being〕「よりよく生きること」「自己実現の保障」とも訳される。

知的障害児の異性介助の事例

　施設（第2章Ⅱ§5－1.〔p.127-〕）に入所したSくんは15歳である。これまでは、自宅で家族と暮らしていたが、中学校を卒業したのを機会に生活訓練をかねて入所した。施設は自宅に近いので、これまでSくんの世話をしていた母親はたびたびSくんに会いに施設へやってくる。

　ある日、母親がやってくると、Sくんは入浴を終えたところだったが、母親がビックリしたのは、女性職員JがSくんと一緒に浴室から出てきたことだった。母親が言葉のないSくんを見ると、硬い表情をしている。さらに、実習に来ている若い女性も浴室から出てきたのを目にしたときには、怒りの感情さえわいた。母親が「自宅では、お風呂は父親が入れていました。**異性介助**の同意書は書いていませんが……」と抗議しても、職員Jは「この施設は男性職員が少ないので、仕方がないのです。Sくんがお風呂に入れないのは困りますよね？」「実習生にだって勉強の機会を与えたいのです」と答え、取り合わない。

《Q1》思春期にあるSくんの成長という観点から考えてみよう。

《Q2》「実習生と権利擁護」（§1－2.（3）〔p.17〕）をもとに考えてみよう。職員Jの対応はどうだろうか？

《Q3》母親の言動についてあなたはどう考えただろうか？

確認
してみよう

生存と発達の保障

Q1

◇ 入浴は「身体的な健康保持」以外にも意味がある行為である。

◇ 性意識を大切に育てるという観点から考えてみよう。

Q2

◇ あなたは「知的障害児だから仕方ない」とは考えなかっただろうか？

◇ 「児童の人格、才能並びに精神的及び身体的能力をその可能な最大限度まで発達させる」という児童の権利に配慮した支援であっただろうか。

Q3

◇ 入所児の人格を尊重した入浴介助はどのようなものだろうか？

◇ 支援者は異性でも同性でも構わない、性別にこだわらず、納得できる内容のケアを受けたいという障害者の声もある。

◇ 異性介助の場合には、本人、家族、介護者三者の同意が必要であろう。

§3 自立支援計画の作成と記録及び自己評価

1. 自立支援計画の作成と記録及び自己評価の意義

(1) 自立支援計画作成と記録の意義

社会的養護の場となる児童養護施設などの施設では、**児童福祉施設の設備及び運営に関する基準**（(変)§4-3.(2)〔p.53〕）において、**自立支援計画**（以下、支援計画）の策定が義務付けられている。児童虐待などによって施設入所する子どもが増え、子どもの置かれている環境が複雑になるとともに、子ども自身の育ちにも深刻な影響が見てとれる現在、適切なアセスメントに基づいて支援目標を立て計画的に支援を行うこと、そして支援後の結果を自己評価してそれをもとに支援内容を再度吟味し改善につなげていくことは、子どもの最善の利益や将来の自立支援のために不可欠である。

実践的な支援計画作成と自己評価のためには、日々の支援内容を記録し職員間で共有すること、そしてケースカンファレンス（後述）を定期的に実施することが重要である。記録は評価の前提である。ケースカンファレンスでは支援目標がどの程度達成できたのか、客観的な記録をもとに相互に振り返り、必要に応じてその目標や方法、期間などを見直し計画を修正する。このような日々の改善の積み重ねが養育の質を高めていくのである。

(2) アセスメントに基づく計画立案

支援計画の作成にあたっては、まず子ども自身と子どもを取り巻く環境（家庭、地域）についてアセスメントを行い、子どものニーズ（ニード）を把握し、それに基づき計画を立案する必要がある。

アセスメントとは「援助を開始するにあたって、問題状況を把握し理解す

るソーシャルワークのプロセスの一つ[*9]」であり、事前評価と訳されることもある。支援計画の作成に焦点化していえば、アセスメントとは「一人ひとりの子どもの個別性に焦点をあて、その子どもの発達を促進するために、必要となる可能な限りの偏りのない正確な情報を収集、分析し、子ども自身や周りの環境に関して総合的に捉え、その計画や支援のあり方を探求する過程[*10]」であり、支援計画を立てる際のアセスメントは大変重要である。

　アセスメントは、「子ども」「家庭」「地域社会」の３つの枠組みで行い、その相互関係からニーズを把握する必要がある。入所直後には施設側に子どもや家庭の情報が少ないことから、入所時に児童相談所から受け取る児童票（p.42後述）や援助方針などを当面の支援計画としてまず捉え、それを踏まえて支援を行いつつ、新たに始まった生活の中から収集した子どもや家庭の情報を加え、アセスメント項目を確認・修正していく必要がある。

❖アセスメントの３つの枠組み

- 子ども―生活史、健康状態や心理状態、性格、趣味や特技など
- 家庭―家族の心身の状況、家族関係、生活状態、援助状況など
- 地域社会―保育所や学校、近隣などとの関係、活用可能な社会資源など

　アセスメントでは子どもや家庭の課題ばかりに目が行きがちだが、そのような課題だけでなく子どもや家庭の**強み（ストレングス）**を見つけそれを活かす**エンパワーメントアプローチ**を意識したい（📖§1-2.(1)〔p.15〕）。そして、子どもも自分の生活を振り返り自身の強みや課題を見つけ、伸ばしたいところや改善したい課題を明確にし、それらを支援計画に盛り込めるよう、子どもの年齢や発達に配慮しながら子ども自身の意向を可能な限り聴取する必要がある。また、子どもの最善の利益を十分に配慮したうえで、保護者の意向も計画に反映することが求められる。子どもや保護者が立案過程へ参加することは現実的に難しい場合もあるが、その努力を忘れてはならない。

＊9　山縣文治・柏女霊峰編『社会福祉用語辞典 第9版』ミネルヴァ書房、2013年、p.5
＊10　厚生労働省「子ども・若者ケアプラン（自立支援計画）ガイドライン」、2018年、p.9

（3）ケースカンファレンスによる計画の共有

　アセスメントから子どものニーズを把握し、支援目標や達成期間、具体的な支援内容などの支援計画が作成できたら、次に子どもにかかわる専門職が集まり**ケースカンファレンス**を開き、支援計画を相互に確認しあい共有する必要がある。その際、子どもや家族も参加し、子どもと家族、そして養育にかかわる専門職が支援目標を共有し、子どもは自立に向けた生活力を身につけるとともに、家族再統合（編→第3章Ⅱ§1-2.(1)〔p.173-〕）も視野に入れ地域の社会資源とも連携し子どもを取り巻く環境を整えていく必要がある。

　子どもの養育にかかわる専門職は、学校の教員や児童相談所の担当者にも及ぶ。このような関係機関との連携に際しても、支援計画に示された子どもの総合的理解と具体的な支援内容を共有することは重要である。

（4）支援後の自己評価

　<u>支援を行った後にはそのプロセスと結果を振り返り、目標がどの程度達成できたか自己評価を行う</u>必要がある。評価を行う際にもケースカンファレンスを開催し子どもの支援にかかわっている多職種が集まり、各々の専門的視点から目標達成の相互評価を行う。評価を行うことで、子ども一人ひとりの自立に向けた支援の成果と課題が明確になり、次の支援目標が導き出される。

　自己評価をもとに、不足している情報があれば再アセスメントを行い、それに基づき計画を修正し新たな目標や期間を設定し支援を改善していく。このようなサイクルを繰り返すことで、自立に向けた生きる力を子どもが身につけていくことが可能となる。

実践的な支援計画とは何か考えてみよう

　小学4年生のBくんは、生後しばらくは母親と2人暮らしだったが、Bくんが2歳のときに母親が再婚し、継父から重度の身体的虐待を受けるようになった。母親も夫を恐れてBくんの養育を行わず、ネグレクト（🔖 p. 158③）とも判断されて、Bくんは施設に入所した。

　新任職員Gは、児童相談所から送られてきた援助方針を踏まえて、さっそくBくんの自立支援計画を作成した。長期目標は「暴力などの問題性の改善及び虐待による傷つきからの回復」とし、「支援上の課題」のところには、①他者に対する不信感や恐怖感が強いこと、②自己肯定感が低くコミュニケーションが不調の場合暴力が出ること、③自分の行動について、なぜそうなってしまうのか振り返りができない、の3点を書き込んだ。

　支援目標は、①については「職員との関係性を深める」、②については「得意なサッカークラブの活動を通して自己肯定感を高める」、③については「自分の言動について理解を深める」とした。

　先輩職員に見せると、「がんばってまとめましたね」と受け取ってくれたが、「もう少し直すところもあるかも。一緒に考えてみましょう」と笑顔での助言もあった。

　　《Q1》Bくんがこの3つの支援目標を見たとき、どのように感じるだろうか。

　　《Q2》自分がBくんだったら、どのように説明してもらえば理解できるだろうか。

Q1を考える視点

◇ 自立支援計画は、子どもの意向や強み（ストレングス）を尊重しながら「子どもの伸ばしたいところや改善したいところ」を明らかにして、どのような支援を行っていくのかを示すものである。

　職員の側から「望ましくない」と思うところだけでなく、第一には子どもが「伸ばしたいところ」について着目した目標を設定する。

Q2を考える視点

◇ 子どもに説明することを踏まえて、できるだけわかりやすく具体的な記述にする。必要に応じて親にも伝えることになっている。

◇ 自立支援計画の「評価」については、職員による行動観察や評価票を用いた評価などのほか、子ども本人の自己評価に基づきながら達成状況などを記入していくことになっている（次頁の様式例参照）。子ども自身が理解できる内容になっているかどうか常に留意する。

自立支援計画票

施設名　　　　　　　　　　　　　　作成者名

フ リ ガ ナ 子 ど も 氏 名		性別	男 女	生年月日	年　　月　　日 （　　　歳）
保 護 者 氏 名		続柄		作成年月日	年　　月　　日
主 た る 問 題					

本 人 の 意 向	
保 護 者 の 意 向	
市町村・保育所・ 職 場 な ど の 意 見	
児 童 相 談 所 と の 協 議 内 容	

【支援方針】

第○回　支援計画の策定及び評価　　　次期検討時期　　　年　　　月

子ども本人

【長期目標】

	支 援 上 の 課 題	支 援 目 標	支援内容・方法	評価 (内容・期日)
【短期目標（優先的重点的課題）】				年　　月　　日
				年　　月　　日
				年　　月　　日
				年　　月　　日

家庭（養育者・家族）			
【長期目標】			

	支 援 上 の 課 題	支 援 目 標	支援内容・方法	評価（内容・期日）
【短期目標（優先的重点的課題）】				年　　月　　日
				年　　月　　日
				年　　月　　日
				年　　月　　日

地域（保育所・学校等）			
【長期目標】			

	支 援 上 の 課 題	支 援 目 標	支援内容・方法	評価（内容・期日）
【短期目標】				年　　月　　日
				年　　月　　日

総　　合			
【長期目標】			

	支 援 上 の 課 題	支 援 目 標	支援内容・方法	評価（内容・期日）
【短期目標】				年　　月　　日
				年　　月　　日

【特記事項】

出所：厚生労働省「社会的養護における自立支援に関する資料」、2017年

２．アセスメントと自立支援計画の立案

「新しい社会的養育ビジョン」（⟨参⟩ p.176「学びのヒント」）においては「代替養育は永続的解決に向けたソーシャルワークが必要な時期であり、そのソーシャルワークにおけるプランと、子どものニーズに応じた養育を行うためのプランが立てられるべきである」[*11] と指摘されている。今後はこの２つの視点を、より明確に意識しながら支援計画を検討する必要がある。

　実際のアセスメントと支援計画の立案において留意すべき点を、以下に５点取り上げる。

（１）子ども自身に聴く

　措置の枠組みの中で、支援計画は子どもの「**意見表明権**」と「**参加**」を保障するものである。「本人や保護者がどのようなニーズをもち、どのような支援・治療を望んでいるのか」が最優先されなくてはならない。国連子どもの権利委員会からは、子どもの**意見表明権**については乳幼児であっても尊重するようにとの意見が示されている。[*12]

　また支援計画のアセスメントにおいては、「子どもの生き方・自分らしさ、自己実現、**ウェルビーイング**という子どもの内面的な状態を理解していくことにより、プロスペクティブな視点で（将来に向けて）支援していくことが、求められる」[*13] とされていることを考慮する。

（２）「わからないところ」を大切にする

　支援の難しさのほとんどは、何を必要としているのか当事者（子どもと家族）に語ってもらえないというところに起因している。語りたくない、または語る言葉や方法を知らないということがあるだろう。それゆえに支援者からのアセスメントが極めて重要となる。

＊11　厚生労働省「新しい社会的養育ビジョン」、2017年、p.31
＊12　日本弁護士連合会「子どもの権利条約　条約機関の一般的意見」7号、2005年
＊13　［厚生労働省 2018、p.10］（＊10前掲）

　児童相談所からの児童票や援助方針などを読む中で、「なぜだろう」と感じるところ、わからないところをまず大切にしてみよう。疑問を心に留めつつ子どもや家族と関係性をつくっていく中で、あるとき答えが与えられ理解が深まることがある。子どもや家族に対してのアセスメントは常に進行形であり、得られた情報を支援目標の見直しにつなげていくことになる。

（3）できるだけ具体的に記述する

　施設に入所してくる子どもたちの多くにとって、被虐待体験からの回復が支援の目標となるが、個々の支援計画においては「虐待の影響からの回復」「愛着の再形成」といった定型的な表現のみではなく、できるだけ具体的な目標を設定することが望ましい。そのためには、子どもや家族の気持ちや意向をよく聴き取ることが不可欠である。

　また日々の子どもの観察やかかわりの中から抽出されてきている「育成記録（支援記録）」と支援計画は密に関連させなければならない。自立支援計画における「支援内容」や「方法」に関して、「丁寧にかかわる」「理解を促す」「○○を図る」などの記述がなされることがあるが、それが日々の子どもとのやりとりの中で具体的には何を意味するものなのか、職員が明確に把握していなければならない。支援計画は紙面の制約もあるが、個別的・具体的に記述するよう努力をすることによって、子どもにもわかりやすく伝えうる内容として整えていくことができる。

（4）目標達成の時間軸を慎重に定める

　支援目標とは「子どもに理解できる目標として表現し、努力目標として子どもに説明する」ものであり、「その子の実情に合ったものであり、子ども自身が納得できるものであることが大切[14]」とされている。

　目標の内容とともに配慮しなければならないのは、その支援目標をどのような時間軸において考えていくかである。目標の達成や進展に関する期間については、ケースの個別性が勘案されるが「長期目標」はおおむね６か月〜

---

*14　厚生労働省「児童養護施設運営ハンドブック」、2014年、pp.82-83

２年程度、「短期目標」はおおむね１〜３か月程度である。「長期目標」を達成するために、より具体的な目標として「短期目標」が設定されることになっている。

　子どもは発達・成長することが最大の特徴ではあるが、実際の支援においては子どもが「前の状態に戻る」「できなくなる」「立ち止まる」ようにみえることが生じる。「自立にむけて努力すべき目標」という文脈においてはそのような事態は好ましくないと考えがちだが、子ども自身のペースを尊重していく必要がある。家族への支援についても同様である。

（5）地域の社会資源との連携を組み入れる

　子どもと家族の将来に大きく影響するのが、地域の状況である。子どもが通っている保育所、幼稚園、学校、子ども家庭支援センター、保健所など、具体的な社会資源の確認はもとより、地域の文化や支え合いの有無などを含めてアセスメントし、社会資源相互の連携を支援計画の中に明確に組み入れていかなければならない。社会資源同士の連携が不足している場合は、子どもと家族の支援のために連携を作り出すことも職員の役割となってくる。

3．記録と自己評価の実際

　施設内では、支援計画のほか、児童相談所から最初に送られてくる「**児童票**」（子どもの主訴や心身の状況や家族概要などの基本情報、保護に至るまでの経緯などを記したもの）、「育成記録」（日々の生活の様子や家族との交流経過などを記したもの）のほか、「健康記録」など様々な記録がある。

❖記録の目的
　　・子どもの情報を職員間で共有し、支援の一貫性を保てるようにする。
　　・子どもの希望や意向を見極め、支援の方法を定める。
　　・支援の結果を後から振り返り、次の方法を検討する。

結果は最終的には自立支援計画に記載される。

・子どもや家族に、支援の内容を説明するために用いられることもある。

　記録には、職員が自分の一方的な解釈を書いてしまうことがあるが、まず事実を記す。また結果だけでなく、やりとりの経過や子どもの気持ち、職員の支援の視点などがはっきりわかるように書くことも大切である（図1）。

　職員は子どもの言動をまず「良いことか悪いことか」で判断してしまうことがある。また、子どもの「問題」を見つけて、直すことが大切だと考えがちである。しかし「問題」は子どもの本心を理解したり、かかわり方を考えたりする様々なチャンスである。気持ちが満たされないときに万引きをしてしまったり、寂しい気持ちのときにお漏らしをしてしまったりする子どももいる。

　記録は、職員が子どもをきちんとみて、言動の背景を理解し、適切にかかわっているかどうかのバロメーターになる。

図1　記録の残し方の例

　Nちゃんが同室のSちゃんの引き出しを勝手にかき回していたので、厳しく対応した。Nちゃんはいつも嘘をつくが、そのときも謝らず、ふてぶてしい態度を取っていた。

　NちゃんがSちゃんの引き出しを無断で開けてかき回していたので、その場では、毅然とした態度で注意した。Nちゃんはなかなか事実を話さなかったが、勘違いから開けたことがわかった。Nちゃんは事実と違う説明をする傾向があるが、何か責められそうなときに自分を守ろうとする気持ちの表れかもしれない。今回も理由を言わなかったが、本人がどう感じているのかよく考えて、その気持ちを受け止めながら対応する必要があろう。

出所：筆者作成

❖記録を書くときに

- ・「問題なし」とされ記録が少ない場合、子どもが気持ちを表現できていなかったり、職員が子どもの様子をきちんとみていなかったりする可能性がある。
- ・子どもの状態を見過ごしていないか、子どもの成長発達の流れを理解しているか、意識する。
- ・職員は子どもの「今の問題」に引きずられやすいが、過去の記録をさかのぼってみると、実は職員の対応が不十分で手当てがされず、結果的に成長に伴って「問題」が大きくなってしまっているという例もある。
- ・記録はいつも子どもの成長発達や職員の支援のあり方について、前後の関連が理解できるように書く必要がある。

　子どもの心を育てる支援と良い記録は、表裏の関係にあるといっても過言ではない。施設業務で記録の作成はかなりの時間をとられる。以前は「記録を書く時間があるくらいなら、実際に子どもとかかわっていた方が子どものためになるのではないか」という意見を聞くこともあった。しかし記録によってこそ、自分のかかわりを振り返り、次の実践に生かすことができるのである。

　また、施設での援助は公金による社会的責任を負っているものである。現在は行政による定期監査だけでなく、第三者評価や苦情解決 (🔗▶§4-2.[p. 50-]) を担当する第三者委員など多くの外からの目が入るようになってきている。記録は施設の仕事についての証明でもあり、外部への**説明責任**[*15] (アカウンタビリティ) の基本をなすものでもある。

　今後は、子どもや家族への記録の開示のあり方についても検証が必要である。

[*15]　福祉サービス提供者が利用者に対し、その選択・参加・決定権を保障するため、サービス内容に関し情報の開示や説明を行う責任のこと。

§4　子どもの権利を守る仕組み

「条約」の遵守に関してわが国は問題があると、児童の権利に関する委
員会から指摘されている。[*16]

第1回の審査報告（1998年）
・子どもからの苦情を聞く体制がない。
・子どもの権利が守られているかについて調査する独立機関がない。
第2回の審査報告（2004年）
・わが国の施設設置基準ではプライバシーが尊重されていない。
・施設における不服申し立て制度を強化すべきである。

第3回の審査報告（2010年）、第4回・第5回の審査報告（2019年）でも、
子どもの意見表明権を促進するための措置を強化すべきであると引き続き指
摘されている。ここでは、施設で暮らす子どもたちの権利を守る取り組みに
ついて考えてみたい。

＊16　「条約」43条に規定される委員会。「条約」締約国各国の専門家により構成される。

1．児童福祉施設第三者評価

（1）第三者評価

　施設運営の適切さを外部の人が判断する制度に、**第三者評価**がある[*17]。児童入所施設の第三者評価には、運営にかかわる評価基準と養護内容にかかわる評価基準とがある。

児童入所施設の第三者評価基準

❖評価基準

運営にかかわる評価基準

　　サービスの基本方針や理念、組織運営のあり方、職員の資質向上に関する取り組み、地域や社会資源との連携、サービスの質の確保に関する取り組みなど。

具体的な養護内容にかかわる評価基準

　　施設種別ごとに、その特性に応じて作成されている。

❖評価の流れ

　①契　　　約──評価機関が方法や費用について説明、契約。

　②書　面　調　査──事業所の基礎資料、自己評価や利用者アンケートなどの調査。

　③実　地　調　査──現地で書類調査、施設内観察、インタビュー、意見交換など。

　④評　　　価──評価機関が結果をまとめる。

　⑤評価結果の公表──事業者から結果公表の同意を得て、結果を公表する。

　平成23年9月の児童福祉施設最低基準（現・設備運営基準）改正と、平成

＊17　吉田眞理編著『児童の福祉を支える　社会的養護Ⅰ』第2版、萌文書林、2023年、pp. 213-214も参照。

24年3月の通知で、社会的養護の施設のうち乳児院、児童養護施設、情緒障害児短期治療施設（現・児童心理治療施設）、児童自立支援施設、母子生活支援施設について、第三者評価を3年に1回以上受審して結果を公表することが義務付けられた。

（2）ある施設の第三者評価の実際

　ある障害児入所施設が第三者評価を受審[*18]したときの様子をみてみよう。

①施設が第三者評価を受けようということになり……

　施設が評価機関に支払う調査費用、内容などに関して契約を結んだ後、評価機関から施設に職員、管理職、利用者のアンケート用紙が送られてきた。

②施設長から職員に説明があった。

　「施設で仕事をしていると、世の中の動きや考え方から離れてしまうときがあります。自分が一生懸命利用者のためにやっているつもりでいても、実は権利を侵害していたり、もっと良いケアや運営の方法があったりします。第三者評価を受けることで、自分の施設の足りないところや、良いところがわかり、より良い施設になっていくことができます」という話があり、職員全員がアンケートに答えた。

③アンケートと提出書類を送付してしばらくすると……

　第三者評価者3人が施設にやって来た。評価者は書類を確認したり、施設内を見て回ったり、年齢や障害によって必要な配慮をしたうえで、子どもたち全員と職員に聞き取りをしたりした。

④現地調査の後で……

　評価機関から職員の研修に関して再度問い合わせがあり、研修計画を立てることになった。その結果、来年は何人かの職員が施設外の研修に行くことになった。[*19]それ以外は問題なく、全体としては良い評価が得られた。今、この施設の評価結果は施設の了承をとったうえで、ウェブ上で公開されている。

---

*18　審査を受けること。
*19　第三者評価には、職員への支援体制に関する項目もある。

子どもの権利を守る仕組みについて考えよう

　ある児童養護施設で、第三者評価を受審することになった。新人の保育士Bは、第三者評価の意義は理解しているつもりだったものの、思いのほか評価項目が細かいことにびっくりした。子どもたちの意見はどのように出てくるのかも気にかかり、「第三者評価とどのように向き合ったらいいのだろう」と気持ちが定まらなかった。「いつも理想的なかかわりができているわけではないけれど、一生懸命やっているのだから、すべて『できている』という形でチェックしておこう」と考えた。

　《Q1》あなたが、「どうして施設が他人からいろいろ調べられなければならないの？」と聞かれたら、どう答えるだろうか？

　《Q2》保育士Bの「すべて『できている』としてチェックしておこう」という考えについてあなたはどう思っただろうか？

　《Q3》あなたのQ2の考えをこの保育士Bに話す場合、どのように言うだろうか？

Q1を考える視点

◇第三者評価を受けることで、自分の施設の足りないところだけでなく、でき
　ているところ、時には独自の取り組みなどを明らかにできる。

◇利用者や子どもたちの率直な意見がわかることで、サービスの提供の仕方や
　コミュニケーションの取り方を見直すことができる。

Q2を考える視点

◇アンケートには、自分が日頃行っていることをそのまま記入する必要がある。

◇「できていない」ことが明らかになった場合に、職員の個々の課題とするだ
　けでなく、施設全体の運営のあり方を改善していくきっかけとすることができ
　る。

Q3を考える視点

◇第三者評価で実施する**自己評価**は毎年実施することが義務付けられており、
　自分がやっていることを、より具体的に振り返ることができる。

◇自分の仕事を客観的に振り返ることは専門職としての責務でもあり、振り返
　りを通して保育士として成長することができる。

2．苦情解決の仕組みと子どもの権利ノート

（1）苦情解決の仕組み

　2000（平成12）年の社会福祉事業法改正（現・社会福祉法）により、すべての社会福祉事業の経営者に対し、**苦情解決**の仕組みを設けることが求められるようになった。これは、施設の利用者がサービス内容に不満がある場合に苦情を言いやすくするための制度であり、この全体像は**図2**のようなものである。

　しかし、苦情解決の仕組みがあるだけでは十分とはいえない。**第三者委員**とは違う立場のオンブズパーソン（🔗§1 - 3.（1）[p. 18]）などとも協力し、施設職員は常に自分たちの養護が子どもの権利侵害になっていないか、敏感に反応する必要がある。

図2　苦情解決の仕組み

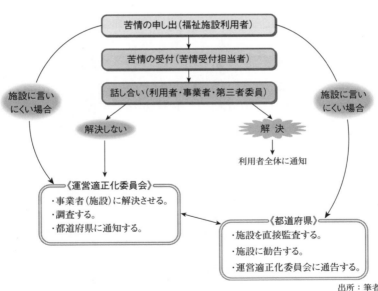

出所：筆者作成

＊20　［吉田編著 2023、pp.211-213］（＊17前掲）も参照。

（2）苦情解決の仕組みの運用の実際

　ある施設において、苦情解決の仕組みを利用したLさんの事例を通じて、運用の実際をみてみよう。

　この施設の**苦情受付担当者**は職員Nで、**苦情解決責任者**は施設長である。施設外部の第三者委員の1人が施設で月1回子どもたちの話を聞いている。ある日、17歳のLさん（知的障害のある男性）が第三者委員に「作業に行きたくない」と話した。第三者委員がLさんの話をよく聞いたところ、以下のことがわかった。

　この施設では、年度始めに入所児の適性と希望を考え作業班を決めている。Lさんは昨年までシイタケ栽培班であったが、本人の希望で今年度から木工班に移動した。班を希望したときは、職員から退寮後就職しやすいことを説明されて納得した。しかしシイタケ栽培班にいる仲良しのQさん（女性）と離れてしまうことには考えが及ばなかった。移動後それに気づいたLさんは作業に身が入らず、「作業に行きたくない」という訴えになっていたのである。

　第三者委員は職員Nと施設長に報告し、一緒にLさんの気持ちを聞いた。また、職員NからQさんの気持ちも聞いてみた。そしてLさんQさん双方が好意をもっていることが確認された。お互いの「好き」という気持ちを大切にし、作業班はこのままで自由時間では2人が一緒に過ごせる時間をつくる、とLさんに提案した。するとLさんは作業に意欲的に取り組むようになった。

　この出来事をきっかけに、この施設では入所者の異性交際に関して真剣に対応するようになった。

（3）子どもの権利ノートの活用

　子どもの権利ノート（以下、権利ノート）には、3つの目的がある。

　①子どもに、自分の権利を主張してよいことを知らせる

　権利を主張しても不利益にならないこと、権利侵害があれば改善されることを知らせる。

②子どもの権利を守るのは大人の責任であることを示す

　子どもの権利を、大人が守ることを約束するのが権利ノートである。権利が守られる環境を整える施設の責任を示したものであるともいえる。

③子どもに権利教育をする

　「条約」の内容について、権利ノートで子どもに教える。

❖権利ノートに書かれていること（例）

　　・「条約」に基づいた子どもの権利

　　・施設の生活についての説明

　　・第三者委員や担当児童福祉司の連絡先

　権利ノートを渡す場面は、自治体によって入所前または入所後と様々である。権利ノートは、子ども、児童福祉司、施設の職員の三者が揃ったところで、わかりやすく説明しながら内容を確認することが求められる。外部のオンブズパーソンなど権利擁護機関を掲載している権利ノートもある。このように、権利侵害に対して自ら行動を起こす方法を、子ども自身に知らせることも重要である。また、里親家庭（➡第2章Ⅱ§6〔p.131〕）で暮らす子どもたちのための権利ノートもいくつかの自治体で作成されている。[*21]

　様々な事情により入所してくる子どもに、「あなたには権利がある」と言ってもすぐには理解されないだろう。しかし、諦めずに子どもに働きかけていくことが職員の仕事なのである。

＊21　2017年6月現在、54自治体で100冊の子どもの権利ノートが作成されており、里親委託された子どもたちを対象にしたものは13冊である。長瀬正子「子どもに「権利を伝える」ことの一考察——全国の改訂された『子どもの権利ノート』を中心に」『愛知県立大学教育福祉学部論集』66、2018年

3．その他の子どもの権利を擁護する仕組み

（1）運営適正化委員会

　運営適正化委員会は、各都道府県の**社会福祉協議会**（社協）内にあり、福祉施設への助言・調査をする機関である。施設入所している子ども（子どもの家族）が苦情申し立てをして施設と話し合ったが、納得できない場合は運営適正化委員会に申し出ることができる。また、苦情を事業者（施設など）に言いにくい場合も、運営適正化委員会に直接申し出ることができる。

❖運営適正化委員会

　　利用者の権利が守られているかどうかを調査する独立機関の一種である。児童福祉施設の設備及び運営に関する基準第14条の３の第４項では、児童福祉施設は運営適正化委員会が行う調査にできる限り協力しなければならない、とされている。

　上記のように、運営適正化委員会は子どもの権利が守られているかどうかを調査する機関であるが、積極的に調査を行い、子どもが嫌な思いをしないように常に見守っているわけではない。実態としては子ども（その家族）が悩みに悩んだ末、最後に相談する場となっている。

（2）児童福祉施設の設備及び運営に関する基準

　児童福祉法第45条には次のように定められている。

　第45条　都道府県は、児童福祉施設の設備及び運営について、条例で基準を定めなければならない。この場合において、その基準は、児童の身体的、精神的及び社会的な発達のために必要な生活水準を確保するものでなければならない。

　これにより定められたものが**児童福祉施設の設備及び運営に関する基準**（以下「設備運営基準」）である。この基準は「児童の身体的、精神的及び社会的な発達のために必要な生活水準を確保する」（児童福祉法第45条）ためにあり、その総則では人権への配慮や秘密保持など共通する事項が定められている。さらに、施設種別ごとに、設備の基準、職員とその資格、連携、最低限行われるべきケア、自立支援計画の策定などに関して規定されている。

　「設備運営基準」は、それ以上の水準を施設に求めるためのものであり、この基準に達していればよいわけではない。設置自治体の長は、「児童福祉施設に対し、最低基準を超えて、その設備及び運営を向上させるように勧告することができる」（第3条）とされている。

　保育士は、「設備運営基準」は標準ではなく「最低ライン」を示したものであることを理解して、子どもの生活のスペース、食事や健康、プライバシーへの配慮など、子どもの権利を擁護しなければならない。

　なお社会的養護の質の向上を図るため、児童養護施設、乳児院、情緒障害児短期治療施設（現・児童心理治療施設）、児童自立支援施設、母子生活支援施設について運営指針が、里親、ファミリーホームについて養育指針が2011年度に作成された。各運営指針と養育指針に対応した「ハンドブック」は、2014年に公表されている。

表1　「設備運営基準」の項目

第一章	総則	第八章	福祉型障害児入所施設
第二章	助産施設	第八章の二	医療型障害児入所施設
第三章	乳児院	第八章の三	福祉型児童発達支援センター
第四章	母子生活支援施設	第八章の四	医療型児童発達支援センター
第五章	保育所	第九章	児童心理治療施設
第六章	児童厚生施設	第十章	児童自立支援施設
第七章	児童養護施設	第十一章	児童家庭支援センター

苦情解決の仕組みを活用した事例

　入浴の異性介助を実習生から受けたＳくん (p. 31) の母親は、施設の苦情解決担当者に苦情を申し立てようと考えた。ところが、苦情解決担当者は苦情を言いたい相手である職員Ｊである。そこで母親は、苦情解決責任者である施設長に苦情を言った。施設長は第三者委員を含んだ話し合いの機会をつくってくれたが、第三者委員は施設長の古くからの知り合いである。母親が心配したとおり、話し合いでは施設長も第三者委員もＳくんのことではなく、施設の**職員配置基準**[*22]が少なく人員が足りないことや、運営の大変さについて母親に説明するばかりであった。

《Ｑ１》あなたがＳくんの母親なら、苦情解決の仕組みを利用しただろうか？　またそれはどうしてだろう。

《Ｑ２》話し合いに納得しなかった場合、Ｓくんの母親にはどのような方法があるだろうか？

《Ｑ３》苦情解決の仕組みについて批判してみよう。

＊22　「設備運営基準」では次のように定められている。
　　第49条３　主として知的障害のある児童を入所させる福祉型障害児入所施設の児童指
　　　導員及び保育士の総数は、通じておおむね児童の数を４で除して得た数以上とする。
　　　ただし、児童30人以下を入所させる施設にあつては、更に１以上を加えるものとす
　　　る。

確認
してみよう

子どもの権利を守る仕組み

Q1

◇ 子どもを施設に預けている親は、施設に対して苦情を言いやすいだろうか。

◇ 苦情を言うことで、いやな目にあったり、施設にいられなくなったりすると困る、と心配している利用者もいる。

Q2

◇ 施設内の調整に満足しない場合は、都道府県社会福祉協議会にある運営適正化委員会や都道府県の所轄機関に訴える方法がある。

◇ 地域によっては、入所児（者）の権利を守る外部の仕組みがある（オンブズパーソン 🔍 §1-3.(1)〔p.18〕）。

Q3

◇ 第三者委員は、誰に選ばれているのであろうか。

◇ 苦情解決の仕組みでは、職員や施設長と入所児（者）やその家族は対等に意見が言い合える関係になっているだろうか。

Ⅱ 社会的養護における 保育士等の専門性

§1 支援者としての資質と倫理

施設保育士は、日々の生活を通じて子どもを支援し、その意識や態度が子どもやその家族に伝わっていく。支援者としての資質と倫理を磨いてほしい。

求められる資質
- 他者とかかわる関係調整力
- 日常を大切にする生活意欲
- 自分を大切にしようという自己肯定感
- 自分の人生を自己管理できる自律性

求められる倫理
- 子どもの権利の擁護
- 守秘義務の遵守
- 家族保全の重視
- 本人の自己決定の尊重

支援者の子ども観について考える事例

　福祉型障害児入所施設に勤め、知的障害児のケアをしているＦは子どもが大好きであり、保育士になった動機も「子どもが好きだから」であった。子どもの頃から自分の言うことを聞いてくれる小さな子と遊ぶのが好きで、近所の子どもたちからは「おねえちゃん」と慕われ、「子どもはかわいい」と思っていた。

　学生時代、Ｆは実習で知的障害児施設[*23]（名称は当時）に配属された。知的障害児施設に配属されたことはＦにとっては不本意であったが、実際に施設に行ってみると子どもたちはとても素直で、訓練に一生懸命励んでいる。そのけなげな姿にＦは「こここそ、私の働く場」と感じて知的障害児が生活する施設に就職を希望した。

　Ｆが就職した施設には、実習施設とは違って自閉的な傾向があり[*24]、また、家庭で虐待（➡第３章Ⅰ§2・§3〔p.158-〕）を受けて入所してきた子どもが多くいた。子どもたちはＦによれば「反抗的」で「言うことを聞かない」。そのうえＦを慕ってこなかった。Ｆは「子どもが嫌いになりそう」と言う。

　《Q1》　Ｆはどうして「子どもが好き」だったのだろうか？

　《Q2》　子どもたちはどうして「反抗的」で「言うことを聞かない」のだろうか？

　《Q3》　あなたがＦから相談を受けたら何と言うであろうか？

＊23　指定保育士養成施設で保育士資格を取得するためには、施設における実習が必修である。
＊24　入所型児童福祉施設では施設により、入所児童の傾向が異なることがある。

ココで
学ぼう
let's study

Q1を考える視点

◇子どもは自分の言うことを聞いてくれるからかわいいという感じ方は、子ども
　の人格を認めているだろうか。

◇子どもはとても素直だからかわいいという感じ方は、子どもの主体性を認めて
　いるだろうか。

Q2を考える視点

◇虐待を受けてきた子どもの心理について考えてみよう （🔒➡p. 156-）。

◇自閉的な傾向をもつ子どもの行動特性について考えてみよう。

Q3を考える視点

◇Fの気持ちを、いったん受け止める必要がある。

◇その後で、子ども中心の考え方でFに答えてみよう。

◇あなたの「子どもが好き」という気持ちの意味は、Fとどのように違うだろうか。

1．保育士としての特長を生かして支援する

　チームで取り組み、「保育士ならでは」の視点を養護に反映させていくためには、以下のことが求められる。

❖保育士としての力を伸ばすために

- ・養成課程で学んだ知識技術を活用してみる。
- ・自施設だけでなく他施設の保育士と学び合う。
- ・内外の研修機会を生かす。
- ・外部や第三者の声に耳を傾ける。

　以上の前提として、施設保育士には自己を知ることが求められる。あなたには、以下の気持ちがないだろうか。

❖施設保育士になりたいという動機の中に……

- ・弱い自分から目をそらしたい。
- ・自分より弱いと思われる入所児を世話することで、存在感を得たい。
- ・子ども時代に満たされなかった思いを補いたい。

❖実際に子どもとかかわっているときに……

- ・世話してあげている。
- ・私がいなければ……。
- ・代わりにやって（決めて）あげよう。
- ・ありがとうと言われたい。
- ・自分を犠牲にしてがんばっている。

　例えば、子どもがきっと喜ぶだろうと思って手作りしたおやつに対して、「これ嫌い！」と言われた場合、「せっかくやってあげたのに……（自分では

できないくせに）この子って憎たらしい」と思ってしまうことがある。このような意識が、子どもの自己決定を妨げていく。子どもが自分の言うことを聞かないという思いが、施設内虐待につながっていく場合もある。

2．生命倫理観と人間性の醸成[*25]

　施設には、生まれたときから自分の「いのち」をあまり大切にされてこなかった経験をしている子どもが多い。そんな子どもは、<u>自分自身の存在が喜ばれていないのではないか</u>、という気持ちでいるかもしれない。だから、施設養護の仕事をする者は、「いのち」について深く考えることが必要である。

❖「いのち」
・自分の「いのち」を大切にされると他者の「いのち」も大切にできる。
・「いのち」を大切にする人として育っていくためにも、施設の生活の中で自分自身を大切にされる経験が必要である。

　施設では、それぞれの子どもの個性や成長発達に合わせて保育士が対応していく。それにより、子どもは自分自身を大切にされたと感じられるようになっていく。一方、<u>人間は誰でも生きていく力、回復力</u>をもっている。子どもが乗り越えるのが難しいほどの困難を抱えている場合でも、その環境から子どもを守りながらも、子ども自身の生きる力や回復力を信じることが求められる。

❖子どもの知る権利と回復力
　　子どもが実の親のこと、自分の出生のことを知りたがったときは、真実に向き合い、子ども自身が道を切り開いていく力を秘めていると信じて対応することが施設保育士の役割となる。障害児施設においても、同様である。

＊25　吉田眞理「第8講　社会的養護の基本原則Ⅴ　生命倫理観の醸成──生と性の倫理」
　　〔吉田編著 2023、pp.102-117〕（＊17前掲）参照。

　また、保育士自身が自分を大切にしている姿が、子どもに「いのち」の大切さや喜びを伝えるメッセージとなる。

3．ノーマライゼーションと施設養護

　ノーマライゼーションの意味するものの一つは、すべての人がその社会のメンバーとして暮らせることである。そして「すべての人」の中に施設入所児が入っていけるようにしていくことが施設保育士の仕事といえる。

　一部の「早足で歩ける」人に合わせた社会は、多くの普通の人にとっては暮らしにくい。その暮らしにくさや不安が家族のストレスになり、家庭崩壊の一因になっていることもある。すべての人がゆとりをもって自分のペースで暮らせるような社会にするための取り組みが福祉実践であり、その最前線が社会的養護の場なのである。階段の傍らにスロープやエスカレーターをつけ、エレベーターを作ったとしても、障害の有無にかかわらず一緒に暮らせるようにという人々の心が伴わなければ、ノーマライゼーションにはならない。同様に、施設から自宅に戻っても、その地域で暮らす人たちの中にスムーズに入っていける雰囲気がなければ、地域での暮らしの方が「質が高い」とはいえない。ほかの家庭と違うことが、暮らしにくさの原因にならない地域のあり方が求められる。それは、ゆっくり生きることがマイナスと感じられないような働き方や社会の仕組み、社会の価値観の変化なしには難しい。社会を変える、というと大きいことのように聞こえるかもしれないが、人権擁護の究極の場である施設を知っている保育士だからこそ、訴える言葉が人の胸を打ち意識を変えていくことができる場合もある。その小さな一歩を、子どもや家族と一緒に踏みだすことも保育士の仕事である。

❖インテグレーションとインクルージョン

　　分かれているものを一つにしていくのが**インテグレーション**（統合）である。障害児・者が一般社会という主流に合流するという、**メインストリーミング**

という言葉も使用されている。

　インクルージョン（包括・包摂）は、すべての人にとって暮らしやすい社会づくりを意味する考え方である。

§2　バーンアウトと共依存の予防

1. バーンアウトの予防

　どのようにすれば**バーンアウト**（燃え尽き症候群）を予防できるのであろうか。まず、自分のできる限界を知ることが大切であろう。そのためには、施設外で実施される研修に参加し、ほかの施設の職員と情報交換するのもよいであろう。外部の研修に参加することにより、外の空気を吸い、視野を広くもち、自分の職場を少し離れたところからみることができる。そして、自分の働き方を振り返ったり、気持ちにゆとりをもったりできるようになる。

　休日も、仕事を離れて自分を取り戻すような時間として充実させることができるとよい。子どもとは違う人生を生きている自分を意識することはバーンアウトを予防する基本である。

❖バーンアウト

　　バーンアウトとは、意欲的に働いていた職員などが、燃え尽きたように意欲を失うことをいい、がんばったにもかかわらず苦労が報われなかったようなときに起こりやすい。その特徴としては、消耗感、疲労感、脱力感、人を避ける、やる気を失うなどがある。施設などで仕事に燃えて献身的に働いている人ほどバーンアウトに陥りやすく、それまでとの落差が非常に激しくみえる。

　職員のバーンアウトを予防するためには、心の健康を守る制度や労働環境の整備と支援体制の充実が必要である。**スーパーバイザー**[*26]や**カウンセラー**を配置し、職員の相談に応じている施設もあるが、児童福祉施設を取り巻く環境は厳しい。職員配置数は変更されずに労働時間の短縮が実施されたことにより、事態はさらに深刻になっている。

2．子どもとの共依存

　福祉に携わる者は、「自分の支援が必要なくなった状態が支援の最良の結果である」ということを念頭に置く必要がある。「私がいなくては……」「私がいるからこそ……」などと思ったら、要注意である。**共依存**に陥らないためには、子ども自身の自立を養護目標として胸に刻むことが必要である。そして、自分の気持ちを常に客観的にみつめるとともに、**スーパービジョン**[*27]を受けることが有効である。また、仕事以外の自分自身の生活を大切にすることも、共依存の予防になる。

❖共依存

　　共依存とは、自分の存在価値を感じるために自分が他者から必要とされることを求め、自己犠牲的な行為を強迫的に行うことである。低い自己評価を、自分より弱いと思われる他者の面倒をみることにより埋め合わせようとしているわけであり、裏返してみれば、面倒をみる相手を自分の存在価値を認めさせるために利用しているといえる。共依存の人は一見すると献身的なようにみえるが、相手が自立すると自分の存在意義がなくなるので、相手を自立させないようにすることがある。

＊26　〔supervisor〕「監督者」の意だが、教育訓練においては、アドバイスや示唆を与える専門家や熟練した職員（基幹的職員）のことを指す。
＊27　〔supervision〕熟練した職員や専門家などが、スーパーバイザーとして経験の浅い職員（スーパーバイジー〔supervisee〕）に適切な援助指導を行うこと。個人単位で受ける個人スーパービジョンと複数人で受けるグループスーパービジョンがある。

　支援を仕事とするすべての人は、自立した個人であることが基本となる。
そのうえに職業としての専門性が築かれてこそ、支援する相手が自立に向け
て歩むことができるようになるのである。「子どもが好き」「『ありがとう』
と言われたい」という人の中には、共依存の傾向をもつ人がみられる。しか
し、自分より弱い人の世話をしないと自分の価値が見出せないような人は、
子どもたちの適切な支援者にはなれないことは明白である。支援者から依存
されていては、子どもは自立できなくなる。共依存に陥っている支援者は、
「私がいなくなったら、あなたはやっていけなくなる」という見えないメッ
セージをいつも相手に送っているのだから。

3．守秘義務と信用失墜行為の禁止

　保育士は児童福祉法に規定された国家資格である。国家資格をもっている
からには、他人から信用されるような行動をとらなければならない。それは、
法律で決められるまでもなく当然のことであるが、児童福祉法の保育士の規
定には以下のように書かれている。

第18条の21　保育士は、保育士の信用を傷つけるような行為をしてはならない。
第18条の22　保育士は、正当な理由がなく、その業務に関して知り得た人の秘
　　　　　　密を漏らしてはならない。保育士でなくなつた後においても、同様とする。

　つまり、保育士の資格をもつ者は保育士の仕事をやめた後も保育士をして
いたときに知ったことを他人に話してはいけないのである。これを破った場
合には、罪に問われることになる。子どもや保護者は、保育士を信用するか
ら、子育ての悩みや家庭の内情など、他人には言いたくないことを話すので
ある。だから、職場で知ったことを家に帰って自分の家族に話してはいけな
い。本人に断ることなく事例を公開することも許されない。また、研究会な
どで紹介された事例についても、**守秘義務**があることを覚えておこう。

一方、保育士には連携することが求められている。そのときには、知った情報を伝え合うことが必要である。基本的な考え方としては、同じ施設内では情報を共有できるが、他機関に知らせるときは本人の了解を得る必要がある。子どもや保護者に話を聞くときに、「児童相談所の福祉司には話すことになります」など、どの範囲の人にこの話を伝えるかについて、はっきりと知らせ、了解を取っておくとよいであろう。ただし、児童虐待は例外で、守秘義務の規定より通告の義務の方が優先される。

4. 社会福祉実践における倫理綱領

社会福祉に携わる職員にとって、実践上守るべき行動の指針は**倫理綱領**として示されており、様々な団体が社会的に公表している。全国児童養護施設協議会、全国乳児福祉協議会、全国児童心理治療施設協議会などでは、それぞれに倫理綱領を策定している。[28] 倫理綱領は、「権利擁護」「家族への支援」「専門性の向上」「地域との協働」などを柱とし、支援の基盤として位置付けているものである。

社会福祉実践においては、様々なジレンマ（板ばさみ）が発生する。

第一には社会福祉を展開する機関や組織の利益と、利用者の利益との間のジレンマである。施設内で発生する権利侵害などが最もわかりやすい例といえるだろう。子どものために最も良い方法は理屈ではわかっているが、施設の人員配置や予算との関係で子どもに我慢させたり、制度や効率を優先させたりということは、たびたびみられる。

また第二には、自分の中の価値観と現実とのジレンマがある。理念としては利用者を尊重しなければならないとわかっていても、実際には様々な場面で、利用者軽視が生じてしまうこともある。このようなときによく使われる言い訳に「忙しいから」がある。そのような言葉が口から出たら、再度自分を振り返ってほしい。

＊28　各施設・団体の倫理綱領を参照。全国社会福祉協議会「分野別の取り組み 社会福祉法人・福祉施設 倫理綱領」
　　　▶https://www.shakyo.or.jp/bunya/houjin/riyousha/index.html

　どのような現状かにかかわらず、これを放棄してしまうと社会福祉は成り立たないという原理・原則がある。倫理綱領は単に組織内の標語のようなものではなく、職員自身が誰のために、どのように行動すべきか、外部との連携など具体的な方法論を含めて、明確に指し示すものであることが求められる。

5．社会的養護の基本理念と原理

　社会的養護の展開においては、施設ごとの格差をなくし養育の質を向上させるとともに社会に対する説明責任を果たすために、施設種別ごとの「運営指針」及び全里親及びファミリーホームの「養育指針」が示されている。その中には、社会的養護のすべての場において共通する、基本理念と原理が定められている。[*29]

　社会的養護の基本理念とは①子どもの最善の利益、②すべての子どもを社会全体で育む、という２点である。「子どもの最善の利益」とは「条約」第３条に、「社会全体で育む」とは、子どもの育成はすべての国民の努めであり自治体や国の責務であることを規定した児童福祉法に、それぞれ拠っている。社会的養護の原理とは、以下の６点である。

　　①家庭養育と個別化
　　②発達の保障と自立支援
　　③回復をめざした支援
　　④家族との連携・協働
　　⑤継続的支援と連携アプローチ
　　⑥ライフサイクルを見通した支援

　本書も、この基本理念と原理を基盤として執筆している。

＊29　こども家庭庁「社会的養育の推進に向けて（令和５年10月）」、2023年など参照。

バーンアウトの事例

　児童自立支援施設（第2章Ⅱ§4-1.〔p. 114-〕）に勤務するMは就職して以来、献身的に子どもたちとかかわっているが、最近は元気がない。表情が乏しくなり、言葉数も少なくなっている。同僚がMの話を聞いてみると、Mは入所児のLくん（中学生）のことで気落ちしているらしい。Lくんは学校内で暴れたり、友人に暴力を振るったりすることがおさまらず、入所に至った。MはLくんの家庭環境に同情し、休日を返上してLくんとかかわった。半年ほどたつとLくんの表情から険しさが消え、だんだんMに自分から話しかけるようになってきた。しかし1年たったある夜、Lくんは同室の子どもとトラブルを起こし、激しく暴れた。Mは自分にならわけを話すだろうと思っていたが、理由を聞いても無視され、その後もLくんとMの関係は平行線のままだった。Mは同僚に、「この1年の間、みんなが研修に行くとか、家族旅行だとか言って休んでいる間も自分はLくんのためにがんばってきたのに。もう続けていく自信がない」と涙ぐんだ。

《Q1》Mのがんばりについてあなたはどう感じただろうか？

《Q2》今のMの状態は、どう考えられるであろうか？

《Q3》あなたならMに対して、どうアドバイスできるだろうか？

確認
してみよう

保育士の資質と倫理

Q1

◇Lくんに対する養護において、Mのがんばりの良い点は何だろう。

◇Lくんに対する養護において、Mのがんばりの良くない点は何だろう。

Q2

◇あなたは、バーンアウトという言葉を思い浮かべただろうか？

◇あなたは、Mに対し、治療的な支援の必要性を考えただろうか。

　バーンアウトしてしまわないためには、自分の支援に関して、**スーパービジョン**を受けておくことが役立つ。また、自分の育ちや環境、性向などに関して振り返り、自分の内面について自分自身が気づいていくこと、つまり**自己覚知**のプロセスを繰り返していくこともその予防になるであろう。自己覚知の機会を得ることにより、支援が独りよがりになったり、幼少期の満たされない思いを入所児童の生い立ちに無意識に重ね合わせたりしてしまうことを予防できる。自己覚知のためには、自分史を書く、心理テストを受ける、グループワークに参加するなどのほか、様々な方法がある。

第2章

社会的養護の実際

児童養護の体系と児童福祉施設の概要

§1　児童養護の体系

　「社会的養護Ⅱ」は、主に入所型の児童福祉施設で生活している子どもたちの日常の生活を知り、保育士の援助のあり方を演習を通して理解する科目である。併せて子どもたちの心身の成長発達を保障し、援助するために必要な知識や技能を習得し、子どもの権利の擁護を根底に置いた児童養護観を養うことを目的としている。

　ここでは、「社会的養護Ⅱ」を活用する場である児童福祉施設の中から、特に入所型施設に焦点を合わせ、施設の概要や基礎知識、子どもたちの暮らしと保育士の役割について、具体的な事例演習を交えながら学習する。

　その前提として、まず次のことについて学ぶ。

　　①児童養護の体系について
　　②児童福祉施設の概要（施設数、職員数、設備運営基準など）について
　　③措置制度と児童相談所の役割について

1．社会的養護の場としての児童養護の体系

　子育てを社会が支援する、という考え方が現代のわが国の児童福祉の根本
にある。したがって、**子育て支援センター**や通所型施設における支援も社会
的な養護ということができる。「社会的養護Ⅱ」では、社会的な養護のうち、主
として入所型児童福祉施設における養護の方法を学ぶ。入所型施設にいる子
どもたちは家庭で暮らすことができないので、求められている機能は**家庭機
能**の代替となる。その点で、家庭機能の補完をする子育て支援センターや通所
型施設の機能とは大きく異なる社会的養護の取り組みが求められる。

　児童福祉法に規定された児童福祉施設の中で**図1**に示した入所型施設が、
社会的養護の専門性を発揮する場となる。この章では、これらの各施設につ
いて、具体的な解説を加えて取り上げる。なお**図1**では施設における養護を

図1　施設養護（入所型児童福祉施設）の体系

母子系 ── 母子生活支援施設

養護系 ┬ 児童養護施設
　　　　└ 乳児院

行動・適応障害系 ┬ 児童自立支援施設
　　　　　　　　 └ 児童心理治療施設

心身障害系 ┬ 福祉型障害児入所施設 ┬ 主として知的障害のある児童を入所させる施設
　　　　　　│　　　　　　　　　　　├ 主として自閉症児を入所させる施設
　　　　　　│　　　　　　　　　　　├ 主として盲ろうあ児を入所させる施設
　　　　　　│　　　　　　　　　　　└ 主として肢体不自由のある児童を入所させる施設
　　　　　　└ 医療型障害児入所施設 ┬ 主として自閉症児を入所させる施設
　　　　　　　　　　　　　　　　　　├ 主として肢体不自由のある児童を入所させる施設
　　　　　　　　　　　　　　　　　　└ 主として重症心身障害児を入所させる施設

出所：執筆者共同作成

中心に示したため省いたが、里親制度（**㊉** II §6〔p.131-〕）も社会的養護の重要な一環（家庭養護）であることを忘れてはならない。

　家庭機能の代替を行う入所型施設にあっては、職員には養護原理の正しい理解と実践における様々な工夫が求められる。すでに実践されている子どものウェルビーイング*1を高める工夫や、生活の質（Quality of Life：**QOL**）の向上に向けた取り組み、また、「子どもの最善の利益」に照らして改善が期待される事柄についても取り上げ、児童福祉施設の現実の姿から、社会的養護の望ましいあり方についてともに考え学んでいく。

§2　児童福祉施設の概要

1．児童福祉施設

　それぞれの施設の現状について述べる前に、まず**社会的養護**の場となる児童福祉施設を概観しておこう。

　児童福祉施設は目的別に、母子家庭の生活を支援する「**母子系**」施設、様々な理由から家庭で暮らすことができない子どもを保護・養育し自立に向けた支援を行う「**養護系**」施設、非行や**ひきこもり**などの問題がある子どもにその改善や訓練を行う「**行動・適応障害系**」施設、知的あるいは身体に障害がある子どもの療育を目的とした「**心身障害系**」施設の4つに分類できる（**図1**）。障害児入所施設は福祉型障害児入所施設と医療型障害児入所施設に分かれる。

> 第42条　障害児入所施設は、次の各号に掲げる区分に応じ、障害児を入所させて、当該各号に定める支援を行うことを目的とする施設とする。
> 1　福祉型障害児入所施設　保護並びに日常生活における基本的な動作及び独立自活に必要な知識技能の習得のための支援
> 2　医療型障害児入所施設　保護、日常生活における基本的な動作及び独立自活に必要な知識技能の習得のための支援並びに治療

＊1　〔well-being〕→第1章＊8（p.30）参照。

表1 児童福祉施設数・在所者数・従事者数（2021年10月1日現在）

施設種別	施設数	定員	在所者数	従事者数
乳児院	145	3,871	2,557	5,555
母子生活支援施設※	208	4,371	7,446	2,073
児童養護施設	612	30,535	24,143	20,639
障害児入所施設（福祉型）	249	8,664	6,138	5,512
障害児入所施設（医療型）	222	21,296	10,489	22,226
児童心理治療施設	51	2,129	1,447	1,552
児童自立支援施設	58	3,468	1,123	1,839

※母子生活支援施設の定員は世帯数、在所者数は世帯人員数である。従事者数は常勤換算数であり、
　小数点第1位を四捨五入している。
出所：「第1表　総括表」厚生労働省「令和3年社会福祉施設等調査結果の概況」をもとに作成

表2 主な児童福祉施設の職員構成と配置基準

施設名	職種	職員の配置基準
乳児院 （第21条）	医師または嘱託医、看護師、個別対応職員、家庭支援専門相談員、栄養士、調理員（※1）、心理療法担当職員（※2）	看護師（保育士・児童指導員に代替可） 　0・1歳児：1.6人に1人以上 　2歳児：2人に1人以上 　3歳以上の幼児：4人に1人以上 　乳幼児7人未満の場合は7人以上（ただし看護師は7人のうち1人以上） 看護師：乳幼児10人に2人以上、乳幼児10人増すごとに1人以上配置 乳幼児20人以下の施設：保育士1人以上加配
児童養護施設 （第42条）	児童指導員、嘱託医、保育士、個別対応職員、家庭支援専門相談員、栄養士（※3）、調理員（※1）、看護師（乳児入所の場合）、心理療法担当職員（※2）、職業指導員（※4）	児童指導員・保育士 　0・1歳児：1.6人に1人以上 　2歳児：2人に1人以上 　3歳以上の幼児：4人に1人以上 　小学生以上：5.5人に1人以上 児童45人以下の施設：児童指導員または保育士を1人以上加配
児童心理治療施設 （第73条）	医師、心理療法担当職員、児童指導員、保育士、看護師、個別対応職員、家庭支援専門相談員、栄養士、調理員（※1）	心理療法担当職員：10人に1人以上 児童指導員・保育士：4.5人に1人以上
児童自立支援施設 （第80条）	児童自立支援専門員、児童生活支援員、嘱託医、精神科医または嘱託医、個別対応職員、家庭支援専門相談員、栄養士（※3）、調理員（※1）、職業指導員（※4）、心理療法担当職員（※2）	児童自立支援専門員・児童生活支援員：4.5人に1人以上

※1　調理業務の全部を外部委託する場合、配置しないことができる。
※2　心理療法を行う必要がある児童等が10人以上いる場合に配置しなければならない。
※3　40人以下の場合、配置しないことができる。
※4　実習設備を設けて職業指導を行う場合に配置しなければならない。
出所：「児童福祉施設の設備及び運営に関する基準」をもとに筆者作成

　社会的養護の場となる児童福祉施設の施設数、在所者数、従事者数は**表1**のとおりである。社会福祉施設は**社会福祉法**第２条の規定により、**第一種社会福祉事業**と**第二種社会福祉事業**に分類される。第一種社会福祉事業の方が第二種社会福祉事業よりも相対的に強い規制と監督が行われ、施設利用者の人格の尊厳に重大な関係がある。また、不当な搾取(さくしゅ)の恐れがある事業でもある。

　表1に掲げた施設はすべて第一種社会福祉事業に該当し、**児童福祉法**に基づく児童福祉施設である。設置しなければならない設備や職員配置の基準は児童福祉施設の設備及び運営に関する基準（「設備運営基準」第1章 I §4 - 3.(2)(p.53-)）に定められており、この「設備運営基準」から主な児童福祉施設の職員構成と配置基準を抜きだしまとめたものが**表2**である。

２．施設入所の仕組みと児童相談所の役割

　措置権限をもつ行政機関（＝措置権者）が「措置」とよばれる行政行為によってサービス提供をする仕組みを**措置制度**とよんでいる。児童福祉施設のうち、養護系施設と行動・適応障害系施設はこの措置制度によって子どもたちの委託を受けている。

　措置権者である都道府県（または指定都市及び児童相談所設置市）は、その権限を児童相談所長に委任しており、実際には**児童相談所**が措置を行っている。したがって児童福祉施設の利用にあたっては、家族などがまず児童相談所に相談をする必要がある。児童相談所はその後社会調査や心理面でのアセスメント（事前評価 第1章 I §3 - 1.(2)(p.33-)）を行い、また必要に応じて**一時保護**を実施したうえで、援助方針会議の決定を経て、児童福祉施設に措置する形となる。このように児童福祉施設の利用にあたって児童相談所は大きな役割を担っている。

　2000年の**社会福祉基礎構造改革**では、措置制度から利用者がサービスの選択ができる契約制度へと、福祉制度が大きく改革された。**介護保険法**の導入

を皮切りに、その後障害者支援費支給制度から**障害者自立支援法**への制度改革も行われ契約制がさらに進んだ。児童分野でも、2001年の児童福祉法改正で、母子生活支援施設（編II§2-3.〔p. 95-〕）が福祉事務所を窓口とした**利用契約制**に移行した。その後、障害者自立支援法（現・**障害者の日常生活及び社会生活を総合的に支援するための法律**〔**障害者総合支援法**〕）の実施に伴い、2006年10月からは障害児の施設入所も、原則として利用契約制に移行した。

　障害者自立支援法施行後、障害児を対象とした施設・事業は、施設系は児童福祉法、事業系は障害者自立支援法に基づき実施されてきたが、2012年度から障害者総合支援法が施行され、障害児支援の根拠法は児童福祉法に一本化された。それとともに、障害児施設・事業は、障害児支援の強化を図るため、それまでの障害種別ごとに分かれていた施設体系を見直し、利用形態別の「通所」と「入所」に一元化され、入所による支援を行う施設は「障害児入所施設」となった。

施設養護・家庭養護の 生活特性と支援の実際

§1　児童養護施設の暮らし

　「保育所で働く保育士」というとすぐにイメージできると思うが、さて「児童養護施設で働く保育士」というとどうだろう。児童養護施設で実習したことのある人はすぐにピンとくるだろうが、そうでないとなかなかイメージできないかもしれない。

　児童養護施設は、「社会的養護Ⅱ」で学ぶ児童養護の理論とその実践の核となる代表的な施設なので、まずそこで働く保育士の仕事がしっかりイメージできるようにしたい。

　ここでは、主に次のことについて学ぶ。

　　①児童養護施設の法的根拠とその現状について

　　②施設保育士として理解しておきたい「子どもとの適切な距離」について

（演習課題）

児童養護施設の暮らしについて考えよう

　保育士のＫは児童養護施設に勤めて３年になる。勤務先の施設は昔ながら
の大舎制施設である。最近同じ県内のＬ学園が、小舎制に建て替えられたと
聞き、「家庭的養護をするにはやはり小舎制施設かグループホーム（第４
章Ⅰ§１−１.〔p.226-〕）だな」と、とてもうらやましく思っていた。

　そんなある日研修会でＬ学園の保育士Ｍと一緒になったので、憧れの小舎
制について話を聞いた。「１寮を職員３人で運営しているので、１日１人の交
替制なのだけれど、私はまだ経験も浅いから８人の子どもたちの面倒をみる
のは大変。子どもにはよいと思うけれど、当直の回数も増えたし食事も寮ご
とに作ることになったし、子どもとの距離も近づいた分、かえって気を遣う
ようになったんですよ」と、大変そうだった。小舎制になればよいと思って
いたが、そんなに単純なものではないらしい。Ｋは考え込んでしまった。

　《Ｑ１》Ｍの発言をあなたはどう受け止めただろうか？

　《Ｑ２》小舎制施設の良い点をあげてみよう。またその良さを発揮できる
　　　　　条件について考えてみよう。

　《Ｑ３》大舎制施設で家庭的環境に近づけるにはどのような工夫が考えら
　　　　　れるだろうか。考えられることをいくつかあげてみよう。

Ｑ1を考える視点

◇小舎制施設は子どもたちを小集団に分けるために、職員数が変わらなければ大舎制施設に比べ職員の負担が増えることが理解できただろうか。

◇また、職員一人で行う生活支援も食事、洗濯、掃除など一般家庭の家事同様幅広くなることも理解できただろうか。

◇生活空間が小さくなれば子ども集団も小さくなるため、子どもとの距離感が近くなって、関係性が濃密になることも理解できただろうか。

Ｑ2を考える視点

◇小舎制施設の良い点をあなたはいくつあげられただろうか。

◇Mさんの悩みを解決するための方法をいくつか考えてみよう。

◇小舎制施設を子どもにとってより良い家庭的環境にするためにはどのような工夫や条件が必要だろうか。子どもの立場になって考えてみよう。

Ｑ3を考える視点

◇3. (p. 82-) を読んで、大舎制施設を家庭的な養育環境に近づけるための工夫を探してみよう。

◇あなたの考えた工夫は、子ども一人ひとりの個別性にどの程度応じることができるだろうか、点検してみよう。

1．児童福祉法の規定と「設備運営基準」

　様々な理由で家庭で生活できない子どもたちのために、2021年10月１日現在全国に612の児童養護施設があり、２万4143人が生活している（**表１**〔p. 75〕）。**児童養護施設**について児童福祉法では次のように規定している。

　　第41条　児童養護施設は、保護者のない児童（乳児を除く。ただし、安定した生活環境の確保その他の理由により特に必要のある場合には、乳児を含む。以下この条において同じ。）、虐待されている児童その他環境上養護を要する児童を入所させて、これを養護し、あわせて退所した者に対する相談その他の自立のための援助を行うことを目的とする施設とする。

　「設備運営基準」では、職員について、**児童指導員**、嘱託医、保育士、**個別対応職員、家庭支援専門相談員**（ファミリーソーシャルワーカー 🔖第３章Ⅱ§2‐2.〔p. 179〕）、栄養士及び調理員、看護師（乳児が入所している場合）、**心理療法担当職員**（心理療法を要する児童10人以上の場合）を置かなければならないと定めている[*2]（第42条）。そして、児童指導員及び保育士の総数は、２歳未満児おおむね1.6人に対し１人以上、２歳児おおむね２人に対し１人以上、３歳以上の幼児おおむね４人に対し１人以上、少年おおむね5.5人に対し１人以上としている[*3]（定員45人以下の施設ではさらに１人以上加配）。職業指導員を置く施設もある。

2．児童養護施設の入所理由

　子どもたちはどのような理由で児童養護施設に入所してくるのだろうか。2018年の調査によると、入所理由の主なものとして「父又は母の虐待・酷

─────────────

＊2　虐待（→第３章Ⅰ§2・§3〔p. 158‐〕参照）を理由として入所する子どもが増えたことから、心理療法担当職員、個別対応職員、家庭支援専門相談員などが順次置かれ、2011年６月児童福祉施設最低基準（現「児童福祉施設の設備及び運営に関する基準」〔「設備運営基準」〕）の一部改正で配置が義務化された。

＊3　児童福祉法では、少年とは小学校就学の始期から満18歳までの者をいう（第４条3）。

表3　入所理由における虐待の比率（%）

「放任・怠だ」「虐待・酷使」「棄児」「養育拒否」の合計	
2008（平成20）年	33.1%
2013（平成25）年	37.9%
2018（平成30）年	45.2%

※2018年2月1日現在

出所：［厚生労働省 2020］（＊4）をもとに作成

使」（22.5%）、「父又は母の放任・怠だ」（17.0%）があげられている[4]。

また入所理由における虐待の比率は45.2%と前回調査よりも増加しており（表3）、被虐待経験のある児童も全体の65.6%に達している。

3．子どもの暮らし

児童養護施設にはいろいろな形態があるが、伝統的な形態として**大舎制**、**中舎制**、**小舎制**がある。大舎は20人以上の子どもが、中舎は13〜19人の子どもが、そして小舎は12人以下の子どもが一つの集団として生活する形態である[5]。特に大舎は学校の寮のようで、食事は厨房で一括調理し大食堂で食べるなど、生活規模が大きく居室も相部屋で落ち着かないことが多い。

このような施設の生活環境をできる限り良好な家庭的環境に近づけようと、**地域小規模児童養護施設**（以下、**グループホーム**）と**小規模グループケア**の活用が進んでいる。グループホームは1ホームの児童定員が4〜6人で、本体施設を離れ民間住宅等で担当職員と生活する。小規模グループケアは、1グループ6人程度の生活ユニットを本体施設や敷地外（ただし本体施設と連携がとれる範囲内）に設置しグループ担当の職員と生活する。1施設に複数の小規模グループケアを設ければ生活規模が小さくなり、本体施設の職員とも連携できるため特別な配慮が必要な子どもの養育もしやすい。グループ

＊4　厚生労働省「Ⅱ-1　養護問題発生理由」「児童養護施設入所児童等調査結果の概要（平成30年2月1日現在）」、2020年
　　※「児童養護施設入所児童等調査」は、5年に1度実施。
＊5　こども家庭庁「社会的養育の推進に向けて（令和5年10月）」、2023年

ホームはさらに一般家庭に近い生活環境となる（［参照］第4章 I §1〔p.226-〕）。

　虐待を受けて入所してくる子どもが増えている現在、以前なら家庭で親に育まれながら自然と身につけることができたことが、身につけられないままでいたり、逆にゆがめられてしまっていたりすることも少なくない。人との距離感もその一つということができる。虐待によって人との適切な距離を保てない子どもが最近増えている。具体的には次のような例があげられる。

- ・初対面の人に対しても極端にべたべたしてきたかと思うと、ちょっと注意しただけで今度は手の平を返したように離れてしまう。
- ・性的虐待を受けてきた場合は、自分のプライベートゾーンを大事にすることを教えてもらえず、かえって年齢に不相応な性的行動を示す。

　幼児であれば、入浴やトイレットトレーニングの際に自分のプライベートゾーンを守る意識を努めて育てていく必要がある。

❖ 子どもとの適切な距離をとるために

　　保育士や実習生として子どもとかかわったときに、年齢にふさわしくない距離の近さや違和感があったら、それを言葉にして伝え、代わって自分が適当と思える距離が保てるようにかかわることが望ましい。例えば、「Mくんはもう〇年生だから、ちょっと恥ずかしいから、〜してほしいな」などと言って、ちょうど良いと思える距離を示す。

　　このような経験を子どもが生活の中で積み重ねて、適切な距離を学び、望ましい経験を増やしていけるようにかかわることが、生活場面でのケアを担当する保育士の大切な役割である。このような経験を通して「境界線」意識がもてるように、意図的にかかわることが大切である。

　虐待環境に置かれてきた子どもにとって、施設の暮らしが家庭に近づき、そのような中で適切な距離のとり方や関係のもち方を日々の体験から理解することは、心理治療的援助とともに重要な役割を果たすことをよく覚えておこう。

子どもへの個別対応の事例

　児童養護施設に実習に来たO子は、今日が実習3日目である。O子の実習先の施設は小舎制で、幼児から中学2年生までの男女8名が一緒に生活している。O子は緊張感も少しとれて幼児と少し仲良くなったところである。夕方洗濯物をたたみながら、幼稚園に通うP子ちゃんとテレビアニメの話をしていた。P子ちゃんはO子の膝の上に座って話を続け、O子もそれを自然に受け入れていた。そこに、小学校から帰ってきた6年生のQくんがやって来た。O子はQくんと話すのはこれが初めてだった。P子ちゃんがアニメの本を取りに立ち上がり部屋を出ると、近くにいたQくんはさっとO子の膝の上に座った。O子はドキッとした。「小学6年生の男子が普通実習生の膝の上に座るかなあ？　でも家庭に恵まれない子どもには愛情が必要だっていうし、少し我慢して受け入れてあげた方がいいのかな……。どうしよう」QくんはさらにベタッとO子の胸に寄り掛かり話を続けている。

　《Q1》P子ちゃんがO子の膝の上に座ったことをあなたはどのように受け止めただろうか？

　《Q2》次に小学6年生のQくんがO子の膝に座ってきたことについて、あなたはどのように受け止めただろうか？

　《Q3》あなたがO子だったら、この後どうするだろうか？

確認
してみよう

児童養護施設の子どもたちのこと

Q1

◇ P子ちゃんの行動は年齢にふさわしい行動だろうか。

◇ あなたが施設の保育士だとすると、何歳くらいまでの子どもに膝に座ることを許すだろうか。

Q2

◇ O子の戸惑いをあなたはどのように感じただろうか。

◇ Qくんの取った行動にはどのような意味があるだろうか。いくつかあげてみよう。

Q3

◇ Qくんへ話すつもりで、伝えることを整理して話してみよう。

◇ 子どもと保育士、子どもと子どもの「適切な距離」について考えてみよう。

◇ 小グループを作りロールプレイをして、それぞれのかかわりを演じ合い、感想を分かち合ってみよう。

§2　乳児院と母子生活支援施設の暮らし

　乳児院では、家庭で生活することのできない乳幼児が生活している。乳幼児は成長発達が著しい上、体調も安定せず、保健衛生上様々な配慮が必要である。

　ここでは、主に次のことについて学ぶ。

　　①乳児院の法的根拠とその現状について

　　②乳児院での養育に重要な保育看護と愛着形成について

　このほか、3.(p. 95-) では母子生活支援施設についてそのあらましを紹介した。併せて学んでもらいたい。

Column

新生児の有能さ

　生まれたばかりの新生児は何もできない弱々しい存在にみえる。しかし1960年代以降の新生児研究で、新生児には様々な能力が備わっていることがわかってきた。この新生児の有能さの一つに「養育者（通常は母親）と相互作用を行う力[6]」がある。新生児には、生まれてすぐの時点でも音のする方向へ顔を向け、ヒトの顔を特別なものとして認識する能力がある。もちろん視力はまだ十分ではなく、よく見えるのは20cmくらいの距離なのだが、この20cmはちょうど授乳時の新生児と母親の顔の距離にあてはまる。新生児にとってみれば、授乳の時にはいつも決まった笑顔が目の前にあり、胎児の頃から聞きなれた声がやさしく話しかけてくれるのだ。心地よく抱かれながら空腹も満たされ安心してまた眠りにつく。こんな働きかけが一日に十数回と繰り返されていく。こうした新生児と養育者の相互作用が、愛着（アタッチメント[7]）の根っこになっていくのである。

＊6　庄司順一『保育の周辺──子どもの発達と心理と環境をめぐる30章』明石書店、2008年、p.11
＊7　〔attachment〕子どもが特定の大人に、自分の欲求、意思、感情などを受け入れてもらい、基本的な安心感を得る感情。一般的には母親との間に形成し、基本的信頼感を獲得する。それが得られない場合に精神的な発達に課題が生ずる（→p. 91参照）。

乳児院の暮らしについて考えよう

　実習生のＫは短期大学保育科の２年生である。今回実習で初めてＧ乳児院を訪れた。Ｇ乳児院は保育室も清潔だし床暖房も快適で、予想以上に明るく良い印象だった。

　数日後、その日の実習担当の保育士が「この子は私が担当しているの」と言ってＬちゃんを紹介してくれた。自由遊びのときなど、確かに担当の子どもといることが多く、まず遊ぶのもその子からだ。尋ねるとＧ乳児院では**担当養育制**（個別担当制）をとっているという。昨日までなるべく子どもたちと平等に接することを心がけていたＫ。「これってえこひいきじゃないの!?」と疑問に思った。

　《Ｑ１》あなたはＫの疑問をどのように思っただろうか？

　《Ｑ２》この乳児院の行っている担当養育制のねらいは何だろうか？

　《Ｑ３》乳児院という環境が子どもの成長に与える影響について考えてみよう。

Q1を考える視点

◇「えこひいき」にならないようにするにはどのような配慮が必要だろうか。

◇その一方で、愛着形成のために担当保育士とのきずなを意識してつくるにはどのようにすればよいだろうか。

◇「えこひいき」と「担当した子どもを極力可愛がること」の違いについて考えることができただろうか。

Q2を考える視点

◇個別担当制によって、特定の大人との愛着形成を図ろうとしていることが理解できただろうか。

◇この乳児院における個別担当制が、「えこひいき」にならないようにするためには、子どもにとって担当者が一番好きだが、ほかの保育士も好きで安心していられる関係づくりが大切となる。

Q3を考える視点

◇愛着形成のほかにも、家庭では自然と身につくことだが乳児院では意識しないとできないことがある。どのようなことがあるか考えてみよう。

◇「設備運営基準」は子どもの愛着形成を考えたとき、十分な水準となっているだろうか。

1．乳児院とは

（1）児童福祉法の規定と「設備運営基準」

乳児院も児童養護施設同様、様々な理由により家庭で生活できない乳児を預かり養育する施設である。児童福祉法第37条では次のように規定している。

> 第37条　乳児院は、乳児（保健上、安定した生活環境の確保その他の理由により特に必要のある場合には、幼児を含む。）を入院させて、これを養育し、あわせて退院した者について相談その他の援助を行うことを目的とする施設とする。

児童福祉法上乳児とは、「満１歳に満たない者」となっているが、乳児院では通常２歳までの乳幼児が生活している。また、2004年の児童福祉法改正で、年齢要件が見直され、必要があれば２歳以上の幼児も利用することが可能となった。2021年10月１日現在全国に145の乳児院があり、そこで2557人の乳幼児が家族と離れて生活している（**表１**〔p. 75〕）。職員構成は次のとおりである。

❖*乳児院の職員構成（「設備運営基準」第21条）*

- ・医師または嘱託医、看護師、個別対応職員、家庭支援専門相談員、栄養士及び調理員、心理療法担当職員（心理療法を要する乳幼児または保護者10人以上の場合）を置かなければならない。
- ・看護師の数は、満２歳未満の乳幼児の数÷1.6人以上、２歳児の数÷２人以上、３歳以上の幼児の数÷４人以上（これらの合計が７人未満の場合は７人以上）。看護師に代えて保育士、または児童指導員でも構わない。
- ・ただし、乳幼児10人の場合は２人以上、乳幼児が10人を超える場合は、おおむね10人増すごとに１人以上看護師を置かなければならない。
- ・乳幼児20人以下を入所させる施設には、保育士を１人以上置かなければならない。

　このほか、「設備運営基準」には乳児院の設備として、<u>寝室、観察室、診察室、病室、ほふく室、相談室、調理室、浴室及び便所</u>を設けることが定められ、<u>それぞれの面積が数値で示されている</u>（第19条）。

（2）乳児院への入所理由

　次に、乳児院への入所理由をみてみよう。2018年の調査（＊4前掲）によると、入所理由の主なものとしては「母の精神疾患等」（23.2％）が最も多く、次いで「その他」（16.6％）、「母の放任・怠だ」（15.7％）、「破産等の経済的理由」（6.6％）、「母の虐待・酷使」（6.2％）、と続いている。「母の精神疾患等」と「母の放任・怠だ」による入所が乳児院の特徴となっている（**図2**）。また、一般的に虐待とされる、「放任・怠だ」「虐待・酷使」「棄児」「養育拒否」を合計すると、乳児院の入所理由の32.6％を占めており、10年前の27.2％から着実に増加している。また、被虐待経験の有無について「虐待経験あり」は40.9％で、虐待の種類では「ネグレクト」（用語▶ p. 158③）が最も多く66.1％を占めている。

　また、同調査によると「障害等あり」の割合は30.2％で、前回調査の28.2％から増加している。なお、罹患傾向は59.8％と前回調査の65.3％より減少している。

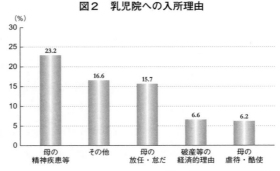

図2　乳児院への入所理由

出所：［厚生労働省 2020］（＊4前掲）をもとに作成

2．愛着形成と養護の連続性

（1）乳児院における愛着形成の工夫

　様々な家庭の事情で、乳幼児期に親の手元から離れて生活する乳児院の子どもの場合、特定の母親的存在との**愛着形成**が重要となる。1950年代欧米では乳児院や病院で育てられた子どもに心身の発達の遅れや異常がみられ、そのような現象を**ホスピタリズム**（施設病）とよぶようになった。ホスピタリズムは施設生活そのものではなく、この時期に経験すべき温かい情緒的交流が不足することで起きると考えられ、愛着形成理論が確立された。乳児院は今までも愛着形成のために様々な工夫をしてきているが、職員集団による養育と交替制勤務や、原則としておおむね2歳となったときに行われる**措置変更**[8]はこの愛着形成を考えると、難しい課題である。

❖愛着形成とは

　　特定の大人との間に形成された情緒的なきずなを**愛着**[9]という。ボウルビィ（John Bowlby, 1907～1990）は、乳幼児の精神衛生の基本は「乳幼児と母親（あるいは生涯母親の役割を果たす人物）との人間関係が、親密で継続的で、しかも両者が満足と幸福感に満たされているような状態」[10]を経験することと述べている。

　このような制度上の制約がある中で、乳児院ではこの課題克服に向けて努力を重ねている。担当養育制とよばれる養育方法もその一つである。これは、一人の子どもに対して入所から退所まで一定の保育士が担当となり、その子どもとの愛着形成を図ろうとするもので、乳児が泣いたとき、担当保育士がその場にいればまず一番にその子にかかわる。このような努力の積み重ねで

---

*8　行政の判断で、ケアの内容を決める「措置」の方針を変えること。例えば、この場合のように、措置として乳児院に入っていた子どもが児童養護施設に移ること。
*9　〔attachment〕→*7（p. 86）も参照。
*10　J. ボウルビィ（黒田実郎訳）『乳幼児の精神衛生』岩崎学術出版社、1967年、p.1

子どもは担当保育士を安全基地にしながら、施設が安全な場になっていく。[*11]
現在多くの乳児院で担当養育制が導入されている。

（2）措置変更と養護の連続性

　2004年の児童福祉法改正で、安定した生活環境の確保などの理由により特に必要がある場合には、乳児院に幼児を、児童養護施設に乳児を入所させることができるようになった。これは、以前から求められていた**養護の連続性**に配慮した改正である。しかし、この改正があったからといってすべての子どもに養護の連続性が確保されたわけではない。措置変更は、次のような理由から2歳を目安に行われているのが実情である。

❖乳児院から児童養護施設への措置変更の必要性
　・児童養護施設の職員配置や居室のつくりでは、乳児を養護することには物理的困難が伴う。
　・乳児院で4〜5歳の幼児を養護しようとしても、居室などの構成上、活発な年長児童にとっては物足りない養育環境となってしまう。

　実際に乳児院に幼児を、あるいは児童養護施設に乳児を入所させるのは、例えば1歳児と3歳児のきょうだいを保護する際に児童養護施設を利用するとか、乳児院で2歳となったがあと半年養育すれば家庭引き取りの予定がある、などといった限られた場合というのが現状であり、社会的養護が継続する場合はやはり児童養護施設へ措置変更するのが一般的である。
　今後は施設環境をさらに整えるなどの条件整備を行って「養護の連続性」に配慮した取り組みを促進させるとともに、乳幼児の養育にあたっては後で述べる里親制度を積極的に利用したり、乳児院の養育環境をさらに小規模で家庭的なものにして、乳幼児にとって望ましい養育環境の整備をよりいっそう進めることが求められる。

---

*11　摩尼昌子「乳児院での愛着──当院の考えを中心に」『そだちの科学』通巻7号、
　　日本評論社、2006年、p.59

措置変更に関する検討事例

　乳児院の保育士になって間もないM。今日は職員会議で、入所中のNくんのケース会議（援助方針決定会議などともいわれる）だ。Nくんはもう2歳になるが家庭引き取りの見通しがたたず、児童相談所の担当児童福祉司は親の住所に近い児童養護施設への措置変更を考えていることが報告された。Nくんはこの乳児院で1年半ほど生活してすっかり慣れ親しんでおり、職員たちとの関係も良い。せっかく良い関係ができているのに、ここで環境を変えるのはNくんの負担が大きいとMは思った。そういえば現行の児童福祉法では、2歳を超えても学齢までは乳児院にいることが可能になっているはずだ。Nくんもこのまま乳児院にいる方がよいのではないだろうか。思い切ってそのことを会議で発言してみた。すると院長は、3歳4歳となると乳児院は狭くて十分な養育ができない、年上の子どももいないので経験の幅も狭くなってしまうという。

　《Q1》Mの言うように、Nくんはこのまま乳児院で過ごす方がよいだろ
　　　　うか？　あなたはどのように考えるだろうか？

　《Q2》乳児院で幼児が生活をする場合と、児童養護施設で乳児が生活す
　　　　ることのメリット、デメリットについて検討してみよう。

　《Q3》乳児院から児童養護施設に措置変更する際には、どのような点に
　　　　配慮することが、子どもの最善の利益につながるだろうか。

確認
してみよう

乳児院の子どもたちのこと

Q1

◇ 子どもの育つ環境や大人との関係を維持する視点で考え、課題点をあげてみよう。

◇ 今後も社会的養護の場が必要ならば、Nくんのこれからの養育に児童養護施設以外の選択肢は考えられるだろうか。

Q2

◇ 乳児院という乳児を対象とした居室の広さや生活プログラム、養育体制と、2歳以上18歳までを対象とする児童養護施設の居室の広さや日課、養育環境を子どもの立場から比較してみよう。

◇ 養育の継続性を生かすために、どのような法整備や制度改正が行われてきたか調べてみよう。

◇ 養育の継続性を保障するために、今後どのような改善が望まれるか考えてみよう。

Q3

◇ 養育者をはじめ、養育環境が大きく変化することに対する、子ども自身の不安を取り除く工夫をいくつかあげてみよう。

◇ 措置変更先の児童養護施設と交流をもち、Nくんの慣らし保育を行うと仮定してその計画を立ててみよう。

3．母子生活支援施設の暮らし

母子生活支援施設は、母子家庭の母親とその子どもを一緒に保護し自立に
向けて支援をする施設で、児童福祉法第38条では次のように規定している。

> **第38条**　母子生活支援施設は、配偶者のない女子又はこれに準ずる事情にある
> 女子及びその者の監護すべき児童を入所させて、これらの者を保護するとと
> もに、これらの者の自立の促進のためにその生活を支援し、あわせて退所し
> た者について相談その他の援助を行うことを目的とする施設とする。

2021年10月1日現在全国に208の母子生活支援施設があり、そこで7446人
の母子が生活している（**表1**〔p.75〕）。施設内は親子が世帯ごとに生活できる
ようにアパートや世帯寮のような構造になっている。職員は、主に母子の生
活指導や相談にあたる**母子支援員**、嘱託医、子どもたちの日中保育や学童保
育にあたる**少年を指導する職員**（以下、**少年指導員**）、心理療法担当職員（心
理療法を要する母子10人以上の場合）、個別対応職員（個別に特別な対応が必要
な場合）が配置されている。

保育士は**母子支援員**や**少年指導員**としても働き、個々の家庭状況に応じて
子育てや就労の支援、家庭生活、子どもの養育相談や助言にあたっている。

このように母子家庭が世帯で入所し、職員の支援を受けながら個々独立し
て生活し自立に向けて努力している点が母子生活支援施設の特徴である。あ
くまでも主役は母親と子どもである。しかし、その母親は子の養育と就労の
両方を担うことに加え、離婚の係争中であったり、夫からの暴力（**DV**：ドメ
スティック・バイオレンス）から逃れてくることも増えており、世帯の抱えて
いる問題は大きく重い。保育士は、こういった個々の家庭状況をよく理解し、
それぞれに求められる様々な支援を包括的に提供していく必要がある。

夫のDVから逃れてきたOさん親子の事例

　Oさんは夫からの暴力がひどく、何度か友だちのところに身を寄せたがその度に夫に連れ戻され、さらに暴力がエスカレートした。そこでOさんは広報で知った配偶者暴力相談支援センター[*12]に思い切って相談し、その紹介で6歳のP子ちゃんとともにDV被害者の避難所である民間シェルターに一時身を寄せた。シェルターはその性格上、場所は公表されていない。その後福祉事務所の母子自立支援員と相談し、母子生活支援施設で生活することとなった。

　入所当初は夫に連れ戻されないかと怯えていたOさんだったが、担当の母子支援員に十分話を聞いてもらい、ここが安心できる場と実感できると恐怖も徐々に薄れ、今後の生活について考えるゆとりが出てきた。P子ちゃんも当初は怯えがひどかったが、日を重ねるうちにだんだんと表情が和らぎ施設内保育に参加し始め笑顔も増えてきた。Oさんは今、週3〜4日パートで働きたいと考え始めた。求人サイトなどを熱心に見て、母子支援員に相談している。

　《Q》あなたがもしこの施設の保育士で、P子ちゃんの施設内保育の担当だとすると、どのようなことに留意してP子ちゃんの保育にあたるだろうか。

---

　*12　「配偶者からの暴力の防止及び被害者の保護等に関する法律（DV防止法）」によって、都道府県が女性相談支援センターなどに設置するDV相談と保護のための機関。DVに関する相談や一時保護、保護命令制度利用についての情報提供などの援助が行われる。

Qを考える視点

◇DVのある環境で育った子どもは直接暴力を振るわれていなくても、心理的虐
待を受けた子どもといえる。第3章Ⅰ（p.144-）でも述べているように、担当保
育士（少年指導員）もいたわりをもって接し、安心で安全な環境の中で自分の
気持ちを表現できるように接していくことが大切である。母親のOさんや母子
支援員ともよく話し合い、情報を共有し合いながら支援していくことが大切で
ある。

母子生活支援施設の利用状況

　昨今、夫などの暴力による母子生活支援施設への入所が増加し続けてお
り、2020年度の調査では58.1％と、入所理由の中で最も多い。一方、経済
的事情や住宅事情による入所は減少している。このような、利用者のニー
ズの変化に応じた専門性の高い支援が求められている。
　また、何らかの障害のある母親（障害者手帳保有者と障害者手帳取得の可
能性のある母親）が増加しており、利用者の38.7％に及ぶ。何らかの障害
のある母親の内訳では、精神障害が63.9％と最も多く、次いで知的障害が
25.1％となっている。　　　　　（令和２年度全国母子生活支援施設実態調査報告書）

§3　医療型障害児入所施設の暮らし（重症心身障害児、肢体不自由児）

　2012年 4 月の児童福祉法改正で、障害児施設の名称が変更となった。それまでの障害種別ごとの名称から、「障害児入所施設」へ統合され、さらに「福祉型」と「医療型」を置く形となった。また、2022年 6 月には施設の目的に関する条文が改正され、次のような規定となっている。

> 第42条　障害児入所施設は、次の各号に掲げる区分に応じ、障害児を入所させて、当該各号に定める支援を行うことを目的とする施設とする。
> 　1　福祉型障害児入所施設　保護並びに日常生活における基本的な動作及び独立自活に必要な知識技能の習得のための支援
> 　2　医療型障害児入所施設　保護、日常生活における基本的な動作及び独立自活に必要な知識技能の習得のための支援並びに治療

　医療型障害児入所施設には、主として重症心身障害のある児童を入所させる施設と、肢体不自由のある児童を入所させる施設、それに自閉症児を入所させる施設がある。ここでは主に次のことについて学ぶ。
　①重症心身障害児が入所する施設の現状について
　②重症心身障害児の障害の特性について
　また、子どものサインをどのようにして捉えるか、また親の障害受容についてもふれ、保育士の役割について学ぶ。3.(p. 108-)では、肢体不自由児が入所する施設の概要についてもまとめた。併せて学んでほしい。

重症心身障害児の暮らしについて考えよう

　医療型障害児入所施設で重症心身障害児のケアを始めたばかりの保育士K
は、重度重複障害のある子どもたちに戸惑うばかりだ。今日も日中保育でベ
テラン保育士のLが、Mくんの熱に気づき、急いで居室のベッドに連れて
帰った。朝Kが検温したときには平熱だったし、保育のためにベッドから降
ろしたのもKだったので、もっとしっかり観察できていればと反省させられ
た。子どもたちのほとんどは言葉による会話が成り立たず、体調も不安定で
急変する子どもも多い。

　Lは、脳性まひのNさんとのお話も楽しそうだ。Nさんを車いすからフロ
アに降ろすと、Nさんは不自由な体を上手にローリングさせてLの脇に行き
お話を始めるのだが、KはまだNさんのお話がほとんど理解できない。わか
るようになるにはもうしばらく時間がかかりそうだ。

　《Q1》子どもの体調を上手に把握するためには、保育士Kはどんな点を
　　　　観察するとよいだろうか?

　《Q2》「重度の知的障害があるため言葉を話せない子どもたちと接する
　　　　際には、話しかけても無駄なので黙っててきぱきと介助する」。
　　　　これは正しい対応方法だろうか?

　《Q3》「食事を介助する・介助される」体験をしよう。友だちに食事を食
　　　　べさせてもらおう。終わったら役割交換しその感想を述べ合おう。

Q1を考える視点

◇ 健康状態を把握するためには、常日頃から子どもの顔色や態度をよく観察しておく必要がある。そのうえで声をかけたときの反応、顔の様子（表情や頬の色など）、目の動きや呼吸の様子をよく観察する。首や手に触れ肌で体温を直接感じてみることも大切である。

◇ 五感をフルに活用し子どもを理解しようとする態度、毎日の生活を注意深く観察しそれを積み重ねていく姿勢が重要である。

Q2を考える視点

◇ 言葉でのコミュニケーションができないからといって、まったく声をかけないのは、発達を阻害することになり望ましい対応ではない。

◇ 発語がなくても会話を理解できる子どももいるので、その子に合った対応の仕方を工夫しよう。

◇ 話しかけることによって感情は伝わる。かかわるときには必ず言葉を添えて気持ちを伝えることが、情緒の安定にも役立つ。

Q3を考える視点

◇ 重症心身障害児は生活介護をする必要がある。実習に行く前に介護体験をしておくとその体験から様々なことが学べる。

◇ いつも食べる食事と比べ味はどうだったか。食べやすいものは何だったか。またケアのされ方によって食べやすさは変わっただろうか。

1. 重症心身障害児の施設における暮らし

（1）「重症心身障害」と「設備運営基準」

　重度の知的障害及び重度の肢体不自由が重複している児童が入所する施設は、保護とともに、日常生活の支援及び治療を目的とする医療型障害児入所施設である。重症心身障害児の場合医療が優先される傾向があるが、重症心身障害児においても、**療育**という考え方が重要である。

　「重症心身障害」という言葉は社会的な用語で、児童福祉行政の中で使われており医学用語ではない。前述のとおり、重度の知的障害と重度の肢体不自由を併せもつ重複障害を指す言葉である。

❖ 「療育」とは

　　医療の「療」と養育・保育・教育の「育」をとって作られた言葉。「肢体
　不自由児の父」とよばれる高木憲次（1889～1963）の造語である。障害のあ
　る子どもには医療と養育・教育がバランスよく提供される必要があることを
　意味している。

　重症心身障害児を療育する必要上から、「設備運営基準」では、同施設に医療法に規定する病院として必要な設備を設けるように求めている（第57条）。したがって職員構成も、医療法に規定する病院として必要な職員の配置のほか、児童指導員、保育士、児童発達支援管理責任者、理学療法士または**作業療法士**、心理指導担当職員を置くことが求められている（第58条6）。

　重い障害のため、濃厚なケアが必要なことから職員配置も手厚い。

（2）障害の特性とその理解

　重症心身障害児は一般的に、大島の分類の1〜4に該当する障害と定義されている（**図3**）。重度の知的障害と重度の肢体不自由を併せもつといってもその状態は様々である。それを保護者などにもわかりやすく説明するために考案されたのがこの分類である。それが今では重症心身障害児についての共通の分類・定義となっている。

　この分類で身体的に「寝たきり」か「座って移動する」状態というと、移動は主に車いすを利用し食事も全介助の場合が多く、排泄もおむつかトイレの場合なら介助が必要であろう。このような身体状態に加え知的能力はIQ（知能指数 **語彙** *p. 128*）35以下で、自ら言葉で訴えることが難しい人たちである。

❖大島の分類

　　東京都立府中療育センターの院長であった大島一良が1968年に考案した分類法。知的障害をIQによって5段階、肢体不自由を移動機能によって5段階、合計25段階に区分し、1〜4までを重症心身障害児とした（**図3**）。

図3　大島の分類

出所：東京都福祉保健局東京都立府中療育センター「大島分類」をもとに作成
▶https://www.fukushi.metro.tokyo.lg.jp/fuchuryo/Main/zyushintoha.html

　このような重度の肢体不自由と知的障害の状況に加え、実際にはさらにいくつかの障害や疾病を重複している人たちが大半である。よくみられる例としては、てんかんを合併していたり、視力障害や聴力障害を合併していたりする場合があげられる。そのほか、長年寝たきりの状態から胃液が食道粘膜を傷つけるなど、消化器に何らかの慢性症状をもっている場合もある。

　障害の原因は様々で、その分類方法もいくつもあるが、ここでは、①出生前の原因（代謝異常、染色体異常など）、②出生時・新生児期の原因（分娩異常、低出生体重児など）、③周産期[*13]以後の原因（脳外傷、溺水後遺症、低酸素性脳障害など）の３つに分けておく。

　重症心身障害児の発生数は、医療の進歩に伴ってむしろ増加している。以前は助からなかった超未熟児や重症の仮死産の子どもが、医療の進歩で救われるようになったことがその原因といわれている。また溺水や交通事故から一命を取りとめたものの重い後遺症を残す場合もある。

　重症心身障害児の中でも常時医療的なケアの必要な障害の重い子どもを**超重症児**とよんでいる。彼らは、人工呼吸器を常時使用したり、栄養摂取も中心静脈栄養や経管栄養・経口全介助であったりする子どもたちである。

❖中心静脈栄養と経管栄養

　　中心静脈栄養とは、口から食事がとれない場合に、細いチューブを静脈の中に挿入し、このチューブを介して体が必要とする水分や電解質、栄養を静脈内に補給することをいう。

　　経管栄養は、細いチューブを鼻腔から胃に通して、そのチューブから栄養バランスの取れた高栄養剤や水分を注入する方法である。

　このような利用者の状況から、重症心身障害児には医療が欠かせないことがよく理解できるだろう。日々の保育や養育と医療とがバランスよく提供される「療育」が重症心身障害児が入所する施設には欠かせないのである。

---

*13　妊娠22週から生後７日未満までの時期を指す。

2．重症心身障害に対するケアのポイント

（1）子どもたちのサインを捉える

　重症心身障害児は、重度・最重度の重複障害を抱え、自分から何かを訴えたり、話したりすることがほとんどできない場合が多い。そのため、職員が子どもたちの言葉にならないサインをいかに感じとるかが重要になる。

　保育士の役割は、医療的色彩が濃くなりがちな施設において、生活環境を少しでも家庭的な環境に近づけ、生活に変化と潤いをもたせ発達を促すことにある。ただ黙って介護するのではなく、その時その時にふさわしい言葉かけを意識しながら、楽しく日常生活のケアを行っていく。保育士のそんなちょっとした心がけが、ややもすると平坦で変化に乏しくなりがちな施設生活に明るさや潤いをもたせ、子どもたちの情緒の安定につながる。

❖ *重症心身障害児のケアのポイント*

- ・常日頃から子どもたちの様子をよく観察し、個々の特徴を把握しておく。
- ・その日その日の体調の変化や情緒面の変化をよくみておく。
- ・検温や脈拍などのバイタルサイン[*14]をチェックする。
- ・表情や皮膚の様子、呼吸の様子をよく観察する。
- ・おむつ交換の際は、排泄物をよく確認したり、肌に直接触れながら体温をみたり、汗をかいていないか観察したりする。
- ・食事介助の際は、摂取量や食欲を点検し、顔や目の表情をよく観察する。
- ・言葉かけも意識して行う。

---

*14　〔vital signs〕「生命兆候」を意味する医学用語。一般的には、①脈拍または心拍数、②呼吸（数）、③血圧、④体温の４つを指す。

（2）重症心身障害児をもつ親への支援

　次頁の「演習課題」では、母親が**レスパイトケア**[*15]のために初めて施設の短期入所サービスを利用するが、子どもと離れることで不安定になり、施設へ過度の要求をしたり、攻撃的になったりする様子を描いている。

　重症心身障害児は重度の重複障害を抱えており、在宅で養育にあたる親は詳細な健康管理や、場合によっては看護師並みの医療ケア方法を身につけなければならない。重症心身障害児の母親にしばしばみられる傾向をまとめてみた。

❖重症心身障害児の母親にみられがちな傾向

- ・重症心身障害児のケアは体調管理一つとっても難しいため、どうしても神経質にならざるをえない傾向がある。
- ・母親は妊娠出産のプロセスを経ることで「血肉を分けたわが子」の意識が強い分、その「わが子」に重い障害がある場合、その障害は自分のせいであると人一倍責任を感じ、自らを責める傾向がある（**原罪意識**）。
- ・父親がわが子の障害をなかなか受け入れられず悲嘆が大きかったりすると、母親はさらに自分を責める傾向が強くなることもある。

　原罪意識を強くもった親は、自分の体を壊してでも子どものケアをし続ける傾向がある。これは親自身にとっても子どもや家族にとっても決して良いことではない。このようなとき、父親や祖父母など、家族の協力体制が重要である。意識して相互に支え合うようにするとともに、短期入所などのレスパイトケアの上手な活用を勧め、長期にわたる介護に息切れを起こさないように支援したいものである。

---

*15　〔respite care〕レスパイトとは「一息つく」の意。介護が必要な障害児（者）の家族を介護から一時的に解放し一息つけるようにする援助を指す。デイサービスやショートステイサービスがある。

娘の介護すべてを抱え込み養育してきた母親の事例

　Hさんは特別支援学校の中学部3年生で、重度の重複障害があり歩行はできず、移動は車いすかバギーである。知的障害も重度で発語はないが童謡は好きだ。日常生活すべてに介護が必要で、世話はほとんど母親のIさんが担ってきた。しかしIさんは長年の介護から持病の腰痛を悪化させてしまい、Hさんの介護ができなくなってしまった。父親の強い勧めもあり、Hさんは施設の短期入所を初めて利用することになった。

　入所当日、Iさんは娘のケアノートを何冊も持ってきて、詳細なケアの仕方を施設に頼んだ。受け入れ担当ワーカーと担当保育士のJはこんな母親に少々戸惑った。面接も普段の倍の時間がかかったが、それも無事終えてIさんは帰宅した。しかし、帰宅早々電話があり娘の状況を施設職員に尋ねている。翌日からIさんは休養の予定だったのに、朝から施設を訪ね職員にHさんの世話の仕方を細かく指示している。そんなIさんに看護師も困り、担当のJ保育士に母親の面接を頼んできた。Jは困惑しながらIさんの面接を始めた。

　《Q1》母親Iさんの気持ちはどんな状態なのか考察してみよう。

　《Q2》このような母親Iさんに対しJはどのように対応すればよいだろうか。

　《Q3》親の障害受容の心理的プロセスについて調べてみよう。

Q1を考える視点

◇母親Ⅰさんが、Hさんの養育を完璧に行いたいと思ってきた背景には、どのような要因が考えられるだろうか。

◇例えば家族関係や、Ⅰさんの性格傾向、Hさんの障害の程度や、ⅠさんのHさんの障害受容についてなど、考えられる要因を想像し書きだしてみよう。

Q2を考える視点

◇初めて施設を利用するHさんⅠさん親子の立場に立って、施設側のできる対応を考えてみよう。

◇母親Ⅰさんと面接をするJの立場に立って、面接での留意点をいくつかあげてみよう。

◇傾聴の姿勢で、受容的、共感的にⅠさんの話を傾聴するのがまず基本的態度として重要である。

Q3を考える視点

◇障害児の親の障害受容のプロセスを、「障害児保育」のテキストなどからまとめてみよう。

◇Ⅰさんの気持ちを理解するうえで、障害児を生んだ母親がしばしば抱きやすい「原罪意識」についても調べてみるとよい。

3．肢体不自由児の施設における暮らし

　主として肢体不自由のある児童を入所させる医療型障害児入所施設は、肢体不自由のある児童を治療するとともに、独立自活に必要な知識技能などを習得できるよう支援する施設である。

　この施設には、医療法に基づく病院として必要な設備の設置が「設備運営基準」（第57条）によって求められている。脳性まひをはじめとする障害の治療とリハビリテーションのため医療が不可欠である。障害の軽減や治療のために大手術となる場合もあり、その治療とリハビリには長期間が必要となる。その間発達の著しい子どもたちには教育や保育も欠かせない。施設には、医療と教育・福祉をバランスよく保障することが求められている。

　職員は医師、看護師など病院として必要な職員のほか、児童指導員、保育士、児童発達支援管理責任者、理学療法士または作業療法士が配置されている（第58条3）。

　肢体不自由のある児童を入所させる施設には、医療型障害児入所施設のほかに、福祉型障害児入所施設がある。福祉型の施設は全国的にも数が少ないが、保護者の様々な理由で、家庭で生活できない、医療的な治療をあまり必要としない肢体不自由児を療育する生活施設として機能している。

脳性まひと軽度知的障害がある子どもの事例

　Lくんは特別支援学校の小学部6年生。**脳性まひ**と軽度の知的障害がある。
成長とともに脳性まひに伴う右下肢の変形が進み、尖足^{せんそく}＊16がさらに悪化したた
め歩行にも支障が生じるようになった。県立子ども病院の主治医や児童相談
所に相談したところ、手術とリハビリを受けるために、施設に入所すること
となった。施設はLくんが今まで定期的に診察を受けてきた県立子ども病院
に併設されている。また、病院の隣には特別支援学校も併設されているので、
入所中はそこに在籍し勉強が続けられる。手術と補装具の調整にリハビリと
合わせて半年は入所する必要があるという。

《Q1》脳性まひとはどのような障害だろうか？

《Q2》もしもLくんの担当保育士になったとしたら、どのようなことに
　　　　配慮したらよいだろうか？

＊16　足関節が底側に屈曲したまま拘縮〔こうしゅく〕した状態。足首の関節が伸びた状態で
　　関節が固くなった状態。

Ｑ１を考える視点

◇脳性まひは受胎から乳児期の脳の損傷に基づく姿勢・運動の障害でその症状は進まないが治らない。「まひ」というと手足に力が入らない状態を想像しがちだが、脳性まひは力は入るが思うように動いてくれない障害である。動きにくさのタイプによって痙 直 型・アテトーゼ型・失調型[17]などに分類される。肢体不自由児の施設に入所している児童の約半数がこの障害である。このほかに進行性筋ジストロフィー[18]や二分脊椎[19]、ペルテス病[20]などの子どもが入所している。

Ｑ２を考える視点

◇肢体不自由児が入所する施設には、医師、看護師、訓練士、心理士のほか、ソーシャルワーカーや栄養士など多職種が勤務している。療育にあたってはこういった多職種の連携によるチームアプローチが欠かせない。とりわけ保育士は、医療面が重視されがちな生活環境の中で、子どもの心に寄り添い、遊びや子どもらしい生活の場づくりを心掛けたいものである。

---

*17　まひした四肢がつっぱっているのが痙直型、不随意〔ふずいい〕運動のために姿勢を保つのが苦手なのがアテトーゼ型、ガクガクした動きを示すのが失調型だが、はっきり分けられない場合もある。

*18　進行性の筋萎縮〔きんいしゅく〕を起こす筋肉の疾病で、多くは遺伝性。主に手足を動かす筋肉（骨格筋）が徐々にやせ、力が入らなくなる。代表的な「デュシェンヌ型」は主に幼児期に発症し、歩行や運動が徐々に困難になる。10代で要介護となることが多く、短命である。

*19　脊椎破裂〔せきついはれつ〕、脊髄髄膜瘤〔せきずいずいまくりゅう〕とも呼ばれる。脊柱管〔せきちゅうかん〕が先天的に背面に開いたままになっているため、脊髄形成異常により神経や髄膜〔ずいまく〕が露出し腰の部分にコブを形成する。神経が露出していると細菌により感染を引き起こすためコブは手術によって処置される。手術後も両下肢の運動まひや膀胱直腸障害〔ぼうこうちょくちょうしょうがい〕を示す場合が多い。

*20　大腿骨骨頭部〔だいたいこつこっとうぶ〕の血行が何らかの理由により途絶え同部が壊死〔えし〕する疾患。６歳前後の元気な男の子に多くみられ、股関節〔こかんせつ〕から膝関節前面に痛みを訴え歩行障害を引き起こす。大腿骨骨頭に体重がかからないようにする装具をつけることが一般的な治療法だが、ときには手術を要することもある。治るまで１年以上かかる場合が多い。

§4　治療的支援と児童自立支援施設・児童心理治療施設の暮らし

　児童自立支援施設は、非行などの問題行動がある主に中学生年代の子どもたちを保護し、生活指導と教育を通してその自立を支援する施設である。全国にある児童自立支援施設の歴史を遡ると1900年の**感化法**制定後の明治・大正時代に、感化院としてスタートした施設も少なくない。戦後は、児童福祉法のもとで「教護院」として再スタートし、非行児童の教護を行ってきたが、1997年の児童福祉法改正により、その名称も「児童自立支援施設」と改称され現在に至っている。

　ここでは、主に次のことについて学ぶ。

　　①児童自立支援施設の法的根拠とその現状について

　　②伝統的に行われてきた「小舎夫婦制」と、国立児童自立支援施設について

　また、3.(p. 121-) では、もう一つの行動・適応障害系施設である児童心理治療施設についてもその概要をまとめたので、理解を深めてほしい。

児童自立支援施設の暮らしについて考えよう

　Rは児童自立支援施設での実習が始まって5日がたつ。非行児の施設と聞いて、とても怖いところという先入観をもっていたが、実際会ってみると子どもたちはみな屈託のない様子の中学生なので正直ホッとした。しかし、数日たつといろいろ気づくことも出てきた。交替制勤務なのでその日勤務している職員によって子どもたちの態度が違う。寮長が勤務しているときはみな緊張気味で静かだが、勤務2年目のTのときは騒がしく、けんかも多い。指導の方法や目配りも職員それぞれで違う。これでよいのかなとRは思った。

　寮長にそのことを尋ねてみると、「私も昔は夫婦で一つの寮を担当していたが、そのときにはそんなことは起こりようがなかったよ。交替制だと子どもは職員の顔色を見て態度を変えるから、指導に一貫性がなくなったね」と話してくれた。でも、夫婦で施設に勤め、子どもの生活指導に取り組むなんてRにはとても想像できない。家族を犠牲にして大変なことだと思う。

　《Q1》職員によって態度を変える子どもたちをあなたはどのように受け止めただろうか？

　《Q2》小舎夫婦制のメリット、デメリットを考えてみよう。

　《Q3》交替制のメリット、デメリットについて考えてみよう。

Q1を考える視点

◇職員によって差がないように最低限決めておかなければならない対応にはどのようなことがあるだろうか。考えてみよう。

◇職員の判断によって違ってもよい対応やかかわりにはどのようなことがあるだろうか。

◇職員の個性を生かした連携の方法を探ることも大切なことである。

Q2を考える視点

◇一般的には、家庭的雰囲気のもとで指導できる、指導・援助に一貫性があり、意見の相違などを避けることができるなどのメリットがある。

◇一方で、「わが寮」の意識が強く出すぎると、寮舎間の調和を欠き施設の統一性がなくなる、職員は休暇が取りにくく過重労働になりやすいなどのデメリットがある。

Q3を考える視点

◇一般的には、個々の職員の指導の偏りを防ぎ、公平なかかわりや、職員それぞれの個性を生かした多面的なかかわりができる、勤務が過重にならないなどのメリットがある。

◇一方で、職員が交替することにより指導援助の一貫性を欠きやすい、子どもが要領よく振る舞ったり、指導・援助の不一致につけ入ったりするようなことが起こりやすいデメリットがある。

1．児童自立支援施設とは

（1）児童自立支援施設の特徴

（児童福祉法）

第44条　児童自立支援施設は、不良行為をなし、又はなすおそれのある児童及び家庭環境その他の環境上の理由により生活指導等を要する児童を入所させ、又は保護者の下から通わせて、個々の児童の状況に応じて必要な指導を行い、その自立を支援し、あわせて退所した者について相談その他の援助を行うことを目的とする施設とする。

　非行や不良行為などの問題行動がある子どもたちを保護し、生活指導を通して自立を支援する施設が**児童自立支援施設**である。ここまで紹介してきた児童養護施設や乳児院は、主に保護者の様々な理由によって養育が難しくなった子どもたちを保護し養育する施設である。一方、児童自立支援施設は子どもの家庭環境に加え、子ども自身の非行や不良行為といった問題行動の改善と自立を目的とした施設である。その点が前出の2施設と違う点である。

（2）児童自立支援施設の現状

　2021年10月1日現在全国に58施設があり、そこに1123人の子どもたちが入所し日々生活指導を受けている（**表1**（p.75））。都道府県に設置が義務付けられており、地方自治体に必ず1か所はある。[21]　民間の社会福祉法人による施設は全国でわずか2か所だけでそのほかは都道府県立であるが、国立施設も2か所あるのが特徴である。

　職員は、児童の自立支援を行う**児童自立支援専門員**、生活支援を行う**児童生活支援員**、嘱託医、精神科医または嘱託医、個別対応職員、家庭支援専門相談員、栄養士並びに調理員、心理療法担当職員（心理療法を要する児童10人以上の場合）が配置されている。また実習設備を設け職業指導を行う場合は

＊21　児童福祉法施行令第36条に設置義務の記載がある。

表4　入所児童の学齢割合

学齢	小学生	中学生	中学卒業者※	高校生
構成	13.7%	78.2%	4.2%	3.4%

※2018年2月1日現在
※「中学卒業者」には、「高校生」を含まない
出所：「I−5 児童の就学状況」［厚生労働省 2020］（＊4前掲）をもとに作成

表5　家庭裁判所の決定による措置児童の割合

1978年度	1983年度	1988年度	1993年度	2003年度	2008年度
12.4%	17.0%	22.1%	21.1%	28.7%	28.3%

出所：『児童自立支援施設運営ハンドブック』p.13（＊22）をもとに作成

職業指導員を置かなければならない。児童自立支援専門員及び児童生活支援員の総数は、おおむね児童4.5人につき1人以上とされている。

　入所児童の学齢をみると、中学生がほとんどを占めている（**表4**）。中学卒業後の自立支援が大きな課題となることがこの数字からもうかがえる。

　通常の児童相談所からの措置のほかに、家庭裁判所の審判によって保護処分が決定され、児童相談所経由で入所する場合がある。**家庭裁判所**からの決定によって入所する子どもたちの割合は1978年度の12.4%から2008年度には28.3%に増加している[22]（**表5**）。

　このほか、施設内で**学校教育**が行われるのも児童自立支援施設の特徴である。子どもたちは施設内の寮舎で職員と生活しながら、施設内にある学校に通う。施設内で生活と教育がすべて営まれているのである。

　児童自立支援施設は長期的な入所児童数の減少に加え、最近は虐待を受けた子どもや発達障害のある子どもの入所が増加している。2018年の調査（＊4前掲）によると、被虐待経験をもつ児童は入所児童全体の約6割に及ぶ。非行・犯罪を起こした子どもは虐待を受けた経験をもつ場合が多い[23]現状から、今後は被虐

＊22　児童自立支援施設運営ハンドブック編集委員会編『児童自立支援施設運営ハンドブック』厚生労働省、2014年、p.13
＊23　小林英義、小木曽宏編著『児童自立支援施設の可能性』ミネルヴァ書房、2004年、p.11

待経験や発達障害のある子どもへのさらにきめ細かい支援が求められる。

（3）小舎夫婦制と施設内学校教育

児童自立支援施設独自の寮舎の運営形態に**小舎夫婦制**がある。日本で最も伝統のある北海道家庭学校や国立武蔵野学院では、**感化院**の時代からこの小舎夫婦制による支援が長年続けられている。

❖小舎夫婦制とは

　　　　一組の夫婦が小舎制の一寮舎を担当し、自分の家族とともに住み込んで子どもたちの支援を行うスタイルである。最近では休日を確保するために夫婦以外に職員1〜2名を加えている施設もある。

しかし、一時期は全施設の7割を占めた小舎夫婦制も現在では3割強へと減少し、[*24]**交替制**の施設が増えた。

2．児童自立支援施設の運営形態

（1）小舎夫婦制と併立制、交替制について

児童自立支援施設の多くは戦前の感化院からの伝統をもっている。そして小舎夫婦制という職員体制も感化院時代からの伝統的なものである。それが戦後、児童福祉法による**教護院**となってからも受け継がれ、児童自立支援施設となった今日でも全国の3割強の施設で実践されている（前述）。

しかし今日では、労働環境の面から公私の区別がつきにくく労働過重となりがちなことや、人材確保の面からも子どもたちの指導にあたれる専門職が夫婦となっている場合はごく稀であることなどの理由から、小舎夫婦制は減ってきている。それに代わって増えているのは、**併立制**や交替制である。

---

*24　相澤仁編集代表『施設における子どもの非行臨床——児童自立支援事業概論』明石書店、2014年、p.141

❖ 併立制と交替制

　　併立制は、寮担当者が夫婦でない形態で、多くは男性の児童自立支援専門
　員と、女性の児童生活支援員がペアとなり、そこに補助職員なども加わって
　支援をする形態である。交替制は1日の勤務を、例えば早番・遅番・宿直と、
　複数の職員の交替勤務でカバーする方法である。

　小舎夫婦制、併立制、交替制はそれぞれに一長一短があるが、労働時間短縮
やプライベートな時間を尊重する最近の社会情勢の中にあって、今も小舎夫
婦制を行っているのは長年の伝統があってのことである。

　小舎夫婦制の長所としては、①子どもの成長に必要な家庭的な環境を与え
子どもが健やかに成長していける環境療法的アプローチがしやすい、②家庭
的な日常生活の中で子どものニーズや子どもからの働きかけに対して適時適
切な応答がしやすい、③子どもに対して継続的に一貫性のある粘り強い援助
ができる、などがあげられる。[*25]

　一方その短所としては、①受け持った子どもの支援全般に夫婦職員がかか
わるため子どものすべてを背負っている気持ちになりやすく子どもの問題を
抱え込みがち、②夫婦職員と子どもが常に密着しているため子ども集団との
関係や支援の検証がしにくい、③交替制と比べ他職員との連携や協働がとり
にくい、④夫婦職員の力量や価値観等が直に寮運営や支援に反映されてしま
う、などがあげられる。[*26]

　児童自立支援施設運営指針にもあるように、子どもの自立支援における基
本は特定の職員による個人的なアプローチではなく、職員によるチームアプ
ローチである。職員は、夫婦制交替制それぞれのメリットとデメリットをよ
く自覚し、チームアプローチによる支援を行う必要がある。

＊25　［相澤仁編集代表 2014、pp.141-142］（＊24前掲）
＊26　［児童自立支援施設運営ハンドブック編集委員会 2014、pp.187-189］（＊22前掲）

（2）国立児童自立支援施設

　国立児童自立支援施設は有名な施設ではないが、以前に何度かあった小学生による重大事件で、それら少年が少年審判により保護処分に付され、送致された施設として記憶している人もいるかもしれない。全国の都道府県にある児童自立支援施設では指導が難しい子どもや高度な問題性を抱えた子どもを保護し、自立を支援する施設である。男子の入所する国立武蔵野学院は、1918（大正7）年に国立感化院「武蔵野学院」として開院した。また、女子の入所する国立きぬ川学院は1960（昭和35）年に国立女子教護院として設置された。国立武蔵野学院には、附属して児童自立支援専門員養成所が併設されているのもここならではの特徴である。この養成所で学んだ人たちが全国の児童自立支援施設で働いている。国立児童自立支援施設にはそこにしかない機能がある。そこで、児童相談所は以下のような手続きをとっている。

❖*国立児童自立支援施設における強制的措置について*

- ・施錠できる個室がある「強制的措置寮」がある（新入生を鑑別し施設内生活へ導入する際や、無断外出の後などに気持ちを落ち着かせる際に使用）。
- ・児童相談所が国立施設に児童を措置する際には、措置に先立って所管の家庭裁判所に「児童の強制的措置に関する審判」を申し立て、強制的措置の許可と期間を定める必要がある。
- ・子どもの行動の自由を制限する行為は、家庭裁判所の審判に基づいて、その決定の範囲で必要最小限の期間、例外的に行われる。

無断外出の事例

　児童養護施設の保育士から児童自立支援施設に異動して２年目の児童生活
支援員U。最近担当寮の子どもが落ち着かない。先週末に中学１年生のVく
んが無断外出してしまったからだ。職員みなで手分けをして施設周辺を探し、
自宅や児童相談所、出身中学などにも連絡したが、まだ見つからない。５日
後地元の警察で保護されたと連絡があったが、この間窃盗(せっとう)事件などをいくつ
も起こし、取り調べのため警察に留め置かれることになった。「Vくんはもう
何度も無断外出しているから、今度はもう戻って来られないかもしれない
な」同僚のW児童自立支援専門員はそう言うが、Uにはよく理解できない。
14歳を過ぎれば**少年法**[*27]による対応があることは知っていたが、彼はまだ13歳
だ。どのような方法があるのだろうとUは首をかしげた。

《Q１》児童自立支援施設で、非行の問題行動のある子どもたちが、施設の
　　　　指導を受け入れ行動改善を目指すには、どのようなことが必要か？

《Q２》もしもVくんが14歳を過ぎていた場合、少年法による対応として
　　　　はどのようなことが考えられるだろうか。

《Q３》Vくんはその後、国立児童自立支援施設に措置変更となった。国
　　　　立児童自立支援施設とはどのような施設か調べてみよう。

[*27]　1948（昭和23）年全面改正。少年の保護処分の要件や手続きなどについて規定し、
少年の刑事事件（刑法による処罰を受ける事件）と、少年の福祉を害する成人の刑事
事件についても定めている。2000（平成12）年に刑事事件の対象が14歳以上と引き下
げられ、さらに2007（平成19）年には少年院送致の年齢下限が14歳以上から概ね12歳
以上に引き下げられ、14歳未満の「触法少年」について警察に強制捜査権を付与する
などの厳罰化がさらに進められた。

確認
してみよう

児童自立支援施設の子どもたちのこと

Q1

◇ 子ども自身の動機づけが重要となることに気づけただろうか。

◇ そのためには家族の協力も欠かせないことも重要な点である。

◇ さらに子どもの交友関係や、地元出身校の支援も大切だ。学校側も子ども自身が立ち直り家庭や地元に戻ることを期待しているという姿勢で、温かく見守り続けることが大切である。

Q2

◇ 14歳を過ぎてからの触法事件は少年法に基づき原則として警察から家庭裁判所に送致される。そして家庭裁判所の少年審判により保護処分が決定される。保護処分には、①保護観察[*28]、②児童自立支援施設や児童養護施設への送致、③**少年院**への送致などがある。

◇ 施設の無断外出中に触法行為があった場合も、原則は上記のとおりである。Ｖくんが14歳を過ぎていた場合、警察に保護された時点で家庭裁判所に身柄つき通告（書類とともに本人も一緒に通告されること）された後、少年鑑別所[*29]に収容される可能性が高い。家庭裁判所の少年審判で、児童自立支援施設への送致が適当となれば措置は継続されるが、少年院が適当となれば少年院送致となり、児童自立支援施設の措置は解除となる。

＊28　保護観察所によって行われ少年への指導監督を行いその更生を図る。同所に従事する専門職が保護観察官。

＊29　少年鑑別所は、家庭裁判所の観護措置の決定によって送致された少年を一定期間収容し家庭裁判所の行う少年の調査に必要な医学、心理学、教育学、社会学的な鑑別を行う。

3. 児童心理治療施設の暮らし

(1) 児童心理治療施設とは

児童心理治療施設は、**不登校**や虐待のために**心理療法**を必要とする子ども
を対象にした施設である。児童福祉法では、次のように規定している。

第43条の2　児童心理治療施設は、家庭環境、学校における交友関係その他の
環境上の理由により社会生活への適応が困難となつた児童を、短期間、入所
させ、又は保護者の下から通わせて、社会生活に適応するために必要な心理
に関する治療及び生活指導を主として行い、あわせて退所した者について相
談その他の援助を行うことを目的とする施設とする。

2021年10月1日現在全国に51施設があり、1447人の子どもたちが在籍して
いる（**表1**〔p. 75〕）。職員は、医師、心理療法担当職員、児童指導員、保育士、
看護師、個別対応職員、家庭支援専門相談員、栄養士、調理員が働いている。
施設では生活指導のほかに心理療法を行い、社会適応力を高め社会生活がで
きるよう援助している。また個々の子どもに応じた家庭環境の調整もしてい
る。多くの施設に学校や**分校・分級**が設置されており、教育と福祉・医療の
総合的な取り組みを目指している。以前は不登校の子どもが多かったが、最
近では虐待によって心の傷（トラウマ）を抱えた子どもや**LD**[30]（学習障害／限
局性学習症）、**自閉スペクトラム症**[32]などの発達障害のある子どもの入所が増え
ている。

＊30　〔trauma〕「心的外傷」とも訳される。予想できないショッキングな出来事が心の
中で適切に処理されず時間がたっても癒されず心の傷となって残るもの。
＊31　〔Learning Disorders〕知的発達遅滞はないが、ほかの能力に比べ話す、読む、書
く、計算するなどの特定の能力に著しい困難を示す。
＊32　〔Autism Spectrum Disorder〕①社会的コミュニケーション、②限局された反復
的な行動・興味・活動の2領域の障害によって診断される。p.129も参照。

ADHDの改善のために入所したXくんの事例

　保育士Yは、この児童心理治療施設に勤務して2年目である。最初は戸惑うことばかりで、あちこちですぐけんかになったりするのにも驚いた。そのうちすぐに手が出る子どもが**ADHD**[*33]のある子どもだとわかった。最近入所したXくんもADHDで小学5年生になったばかりだ。児童相談所からの書類には障害に加え親の不適切なかかわり（マルトリートメント p. 163）が彼の症状を悪くしており、施設には彼の行動の改善と親支援が求められていた。Xくんは同年代の子どもと比べ、落ち着きや集中力がない。ちょっとした刺激ですぐ興奮しけんかになるので、職員が止めに入り、引き離し静かな部屋に連れて行き、落ち着かせることもしばしばである。

　両親は毎週末施設に来て、心理療法担当職員とのやりとりを見たり話をしたりして、彼の症状や接し方を学んでから1泊2日の**帰宅訓練**[*34]を繰り返している。両親はXくんが小さな頃からとても育てにくく、言うことを聞かないため叱ってばかりいたこと、最近ADHDと診断されてからは原因がはっきりしたため、対処の仕方も学ぶことができてかえって少しホッとしたことなどを施設職員に語るようになってきていた。

《Q》Xくんにはどのように接するのがよいのだろうか？　調べてみよう。

---

*33　〔Attention-Deficit Hyperactivity Disorder〕「注意欠如多動症」と訳される。症状に応じて不注意優勢型、多動性・衝動性優勢型、混合型に分類できる。この障害のある子どもは自分の感情や行動をコントロールするのが苦手であることが多い。原因を特定するのは困難（→次頁「学びのヒント」も参照）。

*34　→第1章＊1 (p. 11) 参照。

Qを考える視点

◇ X くんの障害の特徴をよく把握したうえで、今最も必要なことにターゲットを
絞りそれを目標にする。それができたら次のステップに進む。指示や説明は聴
覚視覚両方を使う。指導の流れをはっきり伝えることも大切だ。その一方で必
要以上に叱ったり、行動を制限することは避ける。基本的には以上のような対
処の仕方が望ましい。

学びの
ヒント

ADHDのある子どもへの支援

・落ち着きのない態度や、忘れ物について叱らない。
・刺激がない環境を工夫し、集中できるようにする。
・忘れないような工夫を一緒にする。
・ルールを単純化して教える。
・その子に合ったやり方を考える。
・絵などの視覚情報を活用して説明する。
・本人が達成しやすい目標を立てる。
・少しずつ取り組めるように配慮する。

ADHDのある子どもは、適切な支援によって力を発揮できる。

・ADHDの子どもは、好奇心が旺盛でユニークな発想をすることも多い。
・周囲の理解や支援によって、ADHDの子どもの長所を伸ばすことができる。

§5 福祉型障害児入所施設の暮らし（知的障害児、自閉症児、盲ろうあ児）

　主として知的障害がある児童を入所させる福祉型障害児入所施設は様々な理由により家庭で生活することができない知的障害児が生活する施設である。知的障害のある子どもたちは直接的な身体面の介護は必要としないことが多いが、その障害に適した見守りや声かけ、確認などが必要になる。また合併している障害によっては健康上気をつけなければならないことも多い。

　ここでは、主に次のことについて学ぶ。

　①知的障害児が入所する施設の法的根拠とその現状について

　②知的障害の特徴と合併症としてよくみられるてんかんについて

───── Column ─────

被虐待児童は約4割
────知的障害児────

　虐待された子どもたちの入所が児童養護施設で増えていることは知られているが、実は知的障害児の施設でも虐待されて入所する子どもたちがいる。日本知的障害者福祉協会の調査によれば、2020（令和2）年度の被虐待入所児童[35]は350人で、1年間の入所者数の39.3%を占めている。内容別にみると「ネグレクト」が最も多く212人（46.2%）、次いで身体的虐待163人（35.3%）、心理的虐待62人（13.5%）、性的虐待22人（4.8%）となっている（重複計上）。虐待された子どもたちは多くが児童相談所からの措置による入所である。過去の調査と比較すると、入所児童の減少にもかかわらず被虐待児は確実に一定の割合を占めている現状がある。

---

[35]　日本知的障害者福祉協会「令和3年度全国知的障害児入所施設実態調査報告」、2022年

知的障害児の暮らしについて考えよう

　保育士のBはおやつ後の外遊びの時間、Cくんの付き添いを実習生のFに
頼んだ。元気に2人でグラウンドに出ていったのを見送ってから、おやつの
後片付けをして外遊びに行こうと寮の玄関まで来ると、Fに手を引かれてC
くんが泣きながら寮に戻って来た。「どうしたの？」と声をかけると、Fは困
惑し泣きそうな表情で、Cくんが突然体を固くして倒れてしまったことを告
げてきた。

　「ああ、てんかん発作を起こしちゃったのね。痛かったでしょ」とBはしゃ
がみこんでCくんにそう話しかけ、調べてみると頭にたんこぶができていた。
Fは初めて見るてんかん発作に驚くばかりだった。念のため医務室に連れて
行き、手当てをしてもらった後部屋で休ませた。そういえば、昨夜も発作を
起こしていたことが朝の引き継ぎで伝達されていたことをBは思いだした。
「発作が少し増えているかな？」最近の発作の様子をもう一度記録から拾って、
次回の診察のときに医師に相談してみようとBは思った。

　《Q1》実習生のFに、Cくんの付き添いをさせた判断は正しかっただろ
　　　　うか。

　《Q2》てんかんについてあなたのもっている印象を書いてみよう。

　《Q3》てんかん発作に出会ったときの対処方法について調べてみよう。

Q1を考える視点

◇ 引き継ぎでCくんの発作が昨夜もあったと伝えられていたのだから、BはCくんの付き添いを実習生に任せず職員自らが行うよう配慮すべきだっただろう。

◇ Bさんの事後の対処については、どのように感じただろうか。

◇ てんかんは、施設に入所している知的障害児の2割弱にみられる障害である。基礎知識を身につけて実習に臨もう。「てんかんの手当て」（⇒第3章Ⅰ§1-5.（4）〔p.154〕）も参照のこと。

Q2を考える視点

◇ てんかんは、いわば脳内の「電気的な嵐」が原因となって起こる発作を特徴とする障害である。硬直発作では突然バタンと倒れたりするので、誤解や偏見の多い障害でもある。

◇ 昔は「狐つき」などといわれ差別されてきた。あなた自身はてんかんについてどのようなイメージをもっているだろうか。

Q3を考える視点

◇ 脳波検査で脳波の異常がみられ、さらに発作がみられる場合にてんかんと診断される。

◇ てんかんは抗てんかん剤の服薬が主な治療方法である。服薬で発作を抑えることができ、日常生活は支障なく送ることができる場合が多い。

◇ 家族や職員は、いつどのような発作が起きたかをよく観察し記録する。記録は医師の治療に欠かせない重要な資料である。

1．主として知的障害児を入所させる施設とは

（1）入所児童の現状

　知的障害児が入所する福祉型障害児入所施設は、知的障害のある児童を入所させて、これを保護するとともに、日常生活の支援をし、独立自活に必要な知識技能を与えたり治療したりすることを目的とする施設である。

　1979年の養護学校（現・**特別支援学校**）義務化以前は、知的障害児の教育の場として、それ以降は養護性の高い知的障害児を保護し療育する施設としてその役割を担ってきた。その後入所児童の減少と成人施設の不足から、児童施設を成人施設に切り替える**児者転換**が進められた。

　入所児童の家庭状況は両親世帯が39.8％、残りが**一人親**世帯や両親のいない世帯である。在籍児童のうち満18歳を超えている者が17.1％であり、5年前の調査と比べ減少している。成人期への移行支援が進められていることがわかる。また、在籍児童の障害程度分類でみると、重度・最重度が43.9％、中軽度は50.1％であり、重度・最重度が減少し、中軽度が増加する傾向がうかがえる。重複障害の状況をみると自閉スペクトラム症が33.2％で在籍児童の3割強を占めている。また服薬状況では抗てんかん薬の服薬は17.1％、向精神薬・抗不安薬の服薬は38.3％と、てんかん等により小児精神科等への通院が必要な児童が多い様子がうかがえる。

　入所理由については、「家族の状況等」として「保護者の養育力不足」（48.3％）、「虐待・養育放棄」（32.3％）が多い傾向にある。また「本人の状況等」では、「ADL（日常生活動作）・生活習慣の確立」（32.6％）、「行動上の課題改善」（27.7％）が高い比率を占めており、先に述べた家族の課題とも不可分の関係にあるといえる。[36]

＊36　［日本知的障害者福祉協会 2022］（＊35前掲）

（2）知的障害の定義

知的障害の定義は法律にはないが、次のような理解が一般的である。

❖ 知的障害の定義[*37]

- ・知的機能の障害が発達期（おおむね18歳まで）に現れ、日常生活に支障が生じているため、なんらかの特別の援助を必要とする状態にあるもの。
- ・知的機能の障害とは、標準化された知能検査によって測定された結果、知能指数がおおむね70までのもの。

「知能指数」は、**IQ**（Intelligence Quotient）と表される。ビネー（Alfred Binet, 1857〜1911）が知能検査を開発し数値化して捉えることができるようになった。障害程度の分類も明確な基準は決まっていないが、定義で示した厚生労働省調査では、IQ70〜51を軽度、50〜36を中度、35〜21を重度、20未満を最重度として、これに日常生活能力や社会適応の様子などを加味し区分している。

❖ IQの計算方法

IQ＝精神年齢（Mental Age：MA）÷生活年齢（Calendar Age：CA）×100

（例）生活年齢が10歳、ビネー式知能検査で得られた精神年齢が5歳だとすると、5歳÷10歳×100＝50　となり、IQは50である。

なおIQとともにDQ（Developmental Quotient　発達指数）が使われる場合もある。これは発達年齢（Developmental Age：DA）のCAに対する比率を表す。

＊37　厚生労働省「平成17年度知的障害児（者）基礎調査結果の概要」、2007年

2．主として自閉症児を入所させる障害児入所施設とは

　主に自閉スペクトラム症[*38]のある子ども（以下、自閉症児）を入所させる障害児施設には、福祉型障害児入所施設（以下、福祉型自閉症児施設）と医療型障害児入所施設（以下、医療型自閉症児施設）の２種類がある。

　医療型自閉症児施設は、医療的な治療が必要な児童が入所し、特に治療が必要でない児童は福祉型自閉症児施設を利用する。医療型自閉症児施設は、医療法に規定する病院として必要な設備のほか、訓練室及び浴室、静養室を設けなければならない（「設備運営基準」第57条）。福祉型自閉症児施設の設備は、一般的な障害児入所施設と同様、児童の居室、調理室、浴室、便所、医務室及び静養室を設けなければならない（「設備運営基準」第48条）。

　自閉スペクトラム症とはどのような障害だろうか。自閉という言葉から、自分の殻に閉じこもってしまう情緒的な障害と思っている人もいるが、それは誤りである。

❖*自閉スペクトラム症とは*

　　①社会的コミュニケーションの障害

　　②限局された反復的な行動・興味・活動

　　この２つの領域の障害があることを特徴とする発達障害である。

　①は、人と相互にかかわり、その場にふさわしい行動をとることができないといった形で示される。また、発語がないか、あってもオウム返しやひとり言が中心で言葉がコミュニケーションに使われていないといったこともその例となる。②は、新しいことが苦手で、ごっこ遊びや想像的な遊びに乏しく、様々な「こだわり」となって現れることが多い。

---

*38　自閉スペクトラム症（Autism Spectrum Disorder）は、自閉症スペクトラム、自閉症スペクトラム障害などと記載される場合もある。本書では「自閉スペクトラム症」に統一している。発達障害者支援法における発達障害の定義には、アスペルガー症候群の記述がある。

中・重度の自閉症児が施設利用の中心であるが、主として知的障害児が入所している施設にいる自閉症児も少なくない。

3. 主として盲児、ろうあ児を入所させる施設とは

福祉型障害児入所施設の中には主として盲児またはろうあ児を入所させるものがある。これら施設は、盲ろうあ児施設と総称されることがあるが、盲ろうあ児といってもそれぞれ異なる障害であり、主として盲児を入所させる福祉型障害児施設（以下、盲児が入所する施設）と、主としてろうあ児を入所させる福祉型障害児施設（以下、ろうあ児が入所する施設）に区分することができる。

盲児が入所する施設は、目の見えない児童や強度の弱視がある児童を入所させ保護するとともに、独立自活に必要な知識・技能を身につけられるよう支援する施設である。

ろうあ児が入所する施設は、耳の聞こえない児童や強度難聴の児童を保護し、独立自活に必要な知識・技能を身につけられるよう支援する施設である。

「設備運営基準」では、両施設ともに、児童の居室、調理室、浴室及び便所、遊戯室、訓練室、職業指導に必要な設備を設けることのほか、盲児には音楽に関する設備の他、手すりや特殊表示等身体機能の不自由を助ける設備を、ろうあ児には映像に関する設備を設けるよう規定している（第48条）。また教育は、施設から特別支援学校等に通って受けている。医療の発達により早期訓練や治療が進んだことや、学校の寄宿舎を使う児童が増えたことなどから、入所児童は減少傾向である。

§6 里親制度の特徴とその実際

　里親制度は、都道府県知事の認定を受けた里親が、児童相談所の委託を受け、様々な理由により家庭で生活できない子どもを自分の家庭に迎え入れ養育する制度である。

　日本では長年施設養護が社会的養護の中心となっているが、子ども虐待の増加によって家庭で暮らすことのできない子どもが増える中、国も里親制度を順次改正・整備するとともに、家庭養護優先を掲げ里親委託を推進してきた。さらに2017年に取りまとめられた「新しい社会的養育ビジョン」では**家庭養育優先**の理念が規定され、実親による養育が困難であれば特別養子縁組による永続的解決（パーマネンシー保障）や里親養育を推進する方向性が示された。[39]児童福祉施設で働く保育士は、今後里親制度についても十分に理解し、子どもの最善の利益のためにその活用を積極的に図る必要がある。

　ここでは主に次のことについて学ぶ。

　　①里親の定義と種類、里親認定の仕組みについて

　　②里親養育の特徴とその現状について

このほかに、養育に関する里親ならではの悩みについても考えてみる。

＊39　厚生労働省はこれらの改正を踏まえ里親委託をさらに推進しようと「里親委託ガイドライン」を改正した。この改正では、社会的養護が必要なすべての子どもは家庭養護が望ましく、里親委託を原則とすることや、委託の際の注意点などが示されている。
　　　厚生労働省「里親委託ガイドラインについて」、2011年（2021年3月一部改正）

里親養育について学ぼう

　Kが児童養護施設L学園に実習にきて、もうすぐ1週間が経つ。子どもたちとも仲良くなり、掃除や洗濯にもだいぶ慣れてきた。今は土曜日の午後、子どもたちの遊ぶにぎやかな声が園庭から聞こえてくる。先ほど見かけない男子中学生がやってきて、職員や年上の子どもたちと親しげに話をしている。近くを通ると職員のMさんがその子を紹介してくれた。「Kさん、この子はNくんといって昨年までこの寮にいたんだけれど、今は里親さんのOさんのところで生活しているんだ。今日は久しぶりに遊びに来てくれたんだよ」Nくんは恥ずかしそうに挨拶をしてくれた。

　里親委託されても、こうしてもといた学園に遊びに来られるんだ。里親制度については授業で聞いたけれど、里親って実際はどんな人なんだろう……。里親というと、身寄りのない乳幼児を引き取ってわが子として育て、いろいろと苦労するといったテレビドラマのイメージが強い。Kは、学園に遊びに来ている屈託のないNくんに関心をもった。

　《Q1》里親というと、あなたはどのようなイメージをもつだろうか。グループで話し合ってみよう。

　《Q2》施設の子どもが里親に委託されるとき、職員はどのようなことに配慮しているのだろうか。

　《Q3》里親になりたいときにはどこに申し込むのか調べてみよう。

Q1を考える視点

◇「里親」について抱いているイメージをグループで出し合ってみよう。

◇インターネットで「里親」と検索すると、「犬・猫の里親探し」とか「ウサギ
の里親募集」などペットの飼い主＝里親と称したホームページがたくさんヒッ
トする。このことをどのように感じるか話し合ってみよう。

◇社会的養護を必要とする子どもたちに対して、養育者の家庭に迎え入れて養育
する里親制度をまずは正しく理解することが大切である。

Q2を考える視点

◇もしもあなたが委託される子どもの立場だったら、どのようなことに配慮して
もらいたいか、グループで意見を出し合ってみよう。

◇今まで別々に暮らしてきた里親と子どもが出会い一緒に生活を始めるのだから、
双方に様々な不安があって当たり前である。

◇時間をかけて知り合っていくプロセスを大切にして支援していく態度がまずは
求められるだろう。

Q3を考える視点

◇里親に関する相談と申し込みは、最寄りの児童相談所や委託を受けた民間機
関が窓口となっている。里親になりたいと思ったらまずはあなたの住んでいる
市町村を所管する児童相談所に相談してみるとよい。

◇あなたの居住地を所管する児童相談所はどこか調べてみよう（学校の所在地を
所管する児童相談所でもよい）。

◇里親認定の仕組みは1.（5）(p. 137)にも紹介しているので、よく学んでほしい。

1．里親制度とは

（1）児童福祉法での定義

　里親とは、児童福祉法に基づき都道府県知事の委託を受け、様々な理由によって家庭で生活できない要保護児童を保護者に代わって養育する者を指す。欧米では里親制度が社会的養護の主流になっているが、日本では施設養護が主流であり、里親による養育はまだ少ない。しかし、最近の児童虐待の増加や家庭養育優先原則により、家庭養護の受け皿としての期待も高まっている。児童福祉法では里親を次のように定義している。

　第6条の4　この法律で、里親とは、次に掲げる者をいう。
　　1　内閣府令で定める人数以下の要保護児童を養育することを希望する者
　　　（都道府県知事が内閣府令で定めるところにより行う研修を修了したこと
　　　その他の内閣府令で定める要件を満たす者に限る。）のうち、第34条の19
　　　に規定する養育里親名簿に登録されたもの（以下「養育里親」という。）
　　2　前号に規定する内閣府令で定める人数以下の要保護児童を養育すること
　　　及び養子縁組によつて養親となることを希望する者（都道府県知事が内閣
　　　府令で定めるところにより行う研修を修了した者に限る。）のうち、第34
　　　条の19に規定する養子縁組里親名簿に登録されたもの（以下「養子縁組里
　　　親」という。）
　　3　第1号に規定する内閣府令で定める人数以下の要保護児童を養育するこ
　　　とを希望する者（当該要保護児童の父母以外の親族であつて、内閣府令で
　　　定めるものに限る。）のうち、都道府県知事が第27条第1項第3号の規定
　　　により児童を委託する者として適当と認めるもの

（2）里親の種類

里親には、「養育里親」、「専門里親」、「養子縁組里親」、「親族里親」の4類

型がある。

①養育里親

対象児童	要保護児童
名簿登録	養育里親名簿登録が必須
研修の受講義務	受講義務あり
欠格要件	あり
里親手当	あり
一度に委託できる児童の人数	4人（同時に養育できる児童は、実子を含めて6人まで）
特徴など	里親のうち最も一般的な類型で、登録数・委託児童数なども最も多い。

②専門里親

対象児童	次に掲げる児童のうち、都道府県知事が特に支援が必要と認める者 ①虐待等により心身に有害な影響を受けた児童 ②非行等の問題を有する児童 ③身体障害、知的障害または精神障害がある児童
名簿登録	養育里親名簿登録が必須
研修の受講義務	受講義務あり
欠格要件	あり
里親手当	あり
一度に委託できる児童の人数	2人
特徴など	養育経験が豊富である者、子どもの教育・福祉などの従事経験がある者で、上記の要件を満たした者が専門里親である。

③養子縁組里親

対象児童	養子縁組が可能な要保護児童
名簿登録	養子縁組里親名簿登録が必須
研修の受講義務	受講義務あり
欠格要件	あり
里親手当	なし（一般生活費や教育費などは支給される）
一度に委託できる児童の人数	4人（同時に養育できる児童は、実子を含めて6人まで）

特徴など	養子縁組によって養親となることを希望しており、養子縁組を前提とした里親である。

④親族里親

対象児童	次の要件に該当する要保護児童 ①当該親族里親に扶養義務がある児童 ②児童の両親その他当該児童を現に監護する者が死亡、行方不明、拘禁、入院等の状態となったことにより、これらの者により、養育が期待できないこと
名簿登録	任意
研修の受講義務	受講義務なし
欠格要件	なし
里親手当	なし（一般生活費や教育費などは支給される）
一度に委託できる児童の人数	4人（同時に養育できる児童は、実子を含めて6人まで）
特徴など	対象児童の「扶養義務者及びその配偶者である親族」と規定されている。

（3）ファミリーホーム（小規模住居型児童養育事業）

　2009年度から制度化された第二種社会福祉事業で、要保護児童を養育者の住居で養育する制度である。児童定員は5～6人で、ホームには夫婦の養育者2人と1人以上の補助者を置かなければならないが、養育にふさわしい家庭的環境が確保される場合には養育者1人と2人以上の補助者とすることができる。また養育者はホームに生活の本拠を置くものでなければならず、養育里親や児童養護施設等の従事者として一定程度の養育経験が求められる。里親とともに家庭養護の一類型として今後に期待が寄せられている。

（4）里親の現状

　2022年3月末現在で登録・認定里親数は15607世帯、そのうち子どもの委託を受けている里親数（委託里親数）は4844世帯、委託児童数は6080人である（**表6**）。また、ファミリーホームは446か所で委託児童数は1718人である。[*40]

　里親への優先委託に伴い、里親委託児童数も2000年3月末の2122人から

表6　里親登録数・委託里親数・委託児童数 (2022年3月末現在)

区分 （里親は重複登録あり）	登録・認定里親数	委託里親数	委託児童数
	15,607世帯	4,844世帯	6,080人
養　育　里　親	12,934世帯	3,888世帯	4,709人
専　門　里　親	728世帯	168世帯	204人
養子縁組里親	6,291世帯	314世帯	348人
親　族　里　親	631世帯	569世帯	819人

出所：「51　里親数及び里親に委託されている児童数、都道府県―指定都市―中核市別」[厚生労働省 2023]（＊40
　　　参照）をもとに作成

2022年3月末に6080人と約3倍に増加している。とはいえ、要保護児童のう
ち児童養護施設にいる子ども（約2万3000人）、乳児院にいる子ども（約2350
人）に比べ、里親制度利用数は社会的養護が必要な子どもたちの約2割である。

（5）里親になるには

　里親を希望する者は、まず最寄りの児童相談所に相談に行き申し込む必要
がある。認定要件を満たし、かつ里親を希望する場合は、申請書などの必要
書類を提出する。その後、児童相談所の職員による家庭調査が行われる。調
査結果は各自治体の児童福祉審議会で審議され、里親として適格であると判
断されると、ようやく里親として認定・登録される（図4）。この間に里親希
望者は研修を受講しなければならない。2008年及び2016年の児童福祉法改正
によって養育里親と養子縁組里親にそれぞれ研修の受講と名簿登録が義務付
けられた。里親も養親も社会的養護の一翼を担う者として、知識・技術を
しっかり身につけるためである。なお、登録期間は5年間で、5年ごとに更
新が必要となる。

＊40　「52　小規模住居型児童養育事業（ファミリーホーム）の事業所数、定員、入所人
　　　員、退所人員、年度末在籍人員及び小規模住居型児童養育事業に委託されている児童
　　　数、都道府県―指定都市―中核市別」厚生労働省「令和3年度福祉行政報告例（児童
　　　福祉）」、2023年

図4　養育里親・養子縁組里親認定のプロセス

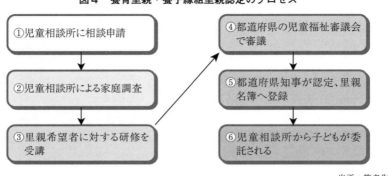

出所：筆者作成

2. 里親養育の特徴

（1）夫婦が家庭で養育にあたる

　里親養育は、一般的に夫婦で自分の家庭で社会的養護を行う。この当たり前のことが里親養育の最も大きな特徴であるといってよい。施設でも小舎制やグループホームを増やして家庭的な養育環境に近づける努力がされているが、施設としての限界はある。

　これに対して里親養育は、家庭という最も自然な場における社会的養護であり、委託児童は地域で暮らす里親家庭で地域社会とも自然に交わることができる。そして、里親家庭の生活文化が自然な形で子どもたちに伝えられていくのも大きな特徴である。

　これらの里親養育の特徴を最大限生かすためには、地域の理解や協力は不可欠である。里親であることを隣近所や町内会の人たちや地元の小中学校にも知らせ理解や協力を得る必要がある。

　一方で里親による養育は、里親夫婦の養育能力にかなり左右される。加えて里親に委託される子どもたちは、最近では保護者に虐待を受けてきたり、発達障害があったりと養育上難しい課題を抱えている場合が少なくない。し

たがって里親は社会的養護の意義を十分に理解したうえで、積極的に研修を
受け養育能力の向上に努めたり、児童相談所や里親支援機関の支援を積極的
に受けて、養育力を高める努力をする必要がある。

（2）違った環境で育ってきた子どもとともに暮らす

里親養育のもう一つの特徴は、違った環境で育ってきた子どもを中途から
受け入れてともに生活を始める点にある。養育里親として当たり前のことだ
が、実はこれはなかなか難しいことである。実親との生活や施設での生活で、
子どもたちは里親宅とは違った暮らし方を身につけている。したがって里親
は、子どもの生育歴やこれまでの暮らし方をよく理解する必要がある。子ど
もを受け入れることで里親家庭の家族関係も当然変化してくる。委託児童は
大きな環境の変化にとても不安を感じている。子どもが大切にしてきたもの
や人間関係は大事にして不安解消を図るとともに、時間をかけて里親と委託
された子どもとの信頼関係を築き上げていく必要がある。

（3）実親との関係

委託児童には当然、実親や親族とのこれまでの関係がある。養育里親は子
どもと実親などの関係を尊重することも忘れてはならない。たとえ虐待をし
た親でも、子どもにとって世の中でただ一人の大切な母親、父親であること
に変わりはない。折をみて子ども自身が抱えている実親などへの悩みを共有
できるとよいし、児童相談所等ともよく連携し、実親への支援を行うことも
有効である。

（4）赤ちゃん返りや真実告知について

里親養育ならではの特徴に「赤ちゃん返り」や「真実告知」がある。（2）
で述べたように委託児童と里親の信頼関係づくりはなかなか難しく根気のい
る作業であり、その過程で子どもは、里親が本当に自分を無条件で受け入れ
てくれるのか様々な形で試してくる。その試し行動の一つが「赤ちゃん返

り」である。赤ちゃん返りとは、例えば小学生なのにおむつをせがんだり、ほ乳びんでミルクを飲みたがったりと、実年齢よりも幼い状態に退行してしまう状態をさす。里親は、このような要求に対してもしっかりと受け止め欲求を満たしていくことで子どもとの信頼関係を深めていくことが重要である。

　真実告知とは里親が子どもに育ての親であることを伝えることをいう。これも里親養育に特有の課題である。真実告知は子どもを傷つけてしまうのではと躊躇する里親も多いが、子ども自身のアイデンティティを形成していくうえでは欠かせないことなので、幼い頃から年齢にふさわしい言葉で心身ともに落ち着いたときを捉えて伝えていくことが大切である。[*41]

3．里親養育推進のために

　2016年の児童福祉法改正で**家庭養育優先原則**が明記され、里親支援業務が都道府県の業務として位置付けられた。その一方で、前述のとおり、社会的養護が必要な子どものうち里親委託児童は約２割である。このような現状を改善しようと、国は里親養育推進のための体制整備を急ピッチで進めている。2018年には「フォスタリング機関（里親養育包括支援機関）及びその業務に関するガイドライン」を定めるとともに、各都道府県には、里親のリクルート及びアセスメント、里親登録前後及び委託後における里親に向けた研修、子どもと里親家庭のマッチング、子どもの里親委託中の相談支援、里親委託措置解除後の支援といった一連の業務（フォスタリング業務）の包括的実施体制整備を含む「都道府県社会的養育推進計画」を2020年度末までに策定するよう求めた。そして2022年の児童福祉法改正では、新たに**里親支援センター**が児童福祉施設として創設された。これらの体制整備により養育環境をどこまで向上できるか、受け皿となる里親を増やすとともに質の高い養育をどこまで実現できるのかが、今後の里親養育推進の鍵となるといえる。

＊41　詳しくは、髙橋一弘「第13講　家庭養護の特徴・対象・形態——里親とファミリーホーム」吉田眞理編著『児童の福祉を支える　社会的養護Ｉ』第２版、萌文書林、2023年、pp.172-196を参照。

養育里親に委託された中1男子の事例

　Pくんは児童養護施設S学園に幼児の頃から入所していたが、母親の面会や帰宅などはほとんどなかったため、小学5年生の頃から週末ボランティアであるフレンドホームのRさんと折にふれ交流していた。Rさんはこのフレンドホームがきっかけで養育里親になり、それを機にPくんは正式にRさんに里親委託された。中学1年のときだった。

　フレンドホームの頃は礼儀正しくおとなしい子どもと思っていたRさんだが、一緒に暮らし始め1週間もたつと、戸惑うことばかりになった。Pくんは朝起こすのが大変で、何か注意すると「うるせー」と怒鳴ってくる。休みの日にはベッドからなかなか出ようとしない。以前と印象がだいぶ違う。そのくせ一人でいることを嫌がるのでなるべく一緒にいた。里親研修で試し行動について学んでいたのでこれだと思い、Rさんは毎朝「おはよう、みんなと一緒にご飯食べよう」などと根気強く伝え続け、良い点はなるべくほめるようにした。学園からは、入所中一度だけ届いた実母からの手紙を大事にしていると聞いていたので、Pくんとも話し合い、その手紙を勉強机の前に貼ることにした。

　いろいろな葛藤はあったが、委託されて2年がたちようやく少し落ち着いてきたところだ。今は高校進学に向け受験勉強に精を出しているPくんである。

　《Q1》礼儀正しかったPくんがこのように変わったのはなぜだろう。想
　　　　像し説明してみよう。

　《Q2》母親の手紙を貼ったのにはどんな意味があるだろうか。考えてみ
　　　　よう。

第 3 章

保育の専門性にかかわる
知識・技術とその実践

心の傷を癒し、
心を育むための援助

§1　保育士の業務

　入所型児童福祉施設に入所している子どもたちの多くは、被虐待体験を
もっている。虐待（参照→§2・§3〔p.158-〕）とは、本来子どもを保護し守って
くれるはずの大人との関係がゆがんでいることである。子どもの心身の成長
を大きく妨げるものであり、最近は脳にも甚大な影響を及ぼすことも明らか
になってきた。子どもたちの回復のため、虐待の影響を見極めて職員がチー
ムを組んで対応していくことが必要である。

　ここでは「社会的養護の基本理念と原理」（参照→第1章Ⅱ§2-5.〔p.67〕）を踏
まえつつ主に次のことについて学び、虐待を受けた子どもたちを育むための
援助のあり方を考えていく。

　　　①施設の日課と保育士の業務、他職種との連携
　　　②虐待された子どもたちの言動を理解する視点
　　　③虐待された子どもへの支援の方法
　　　④施設の環境の整え方

1. 児童養護施設で働く保育士の業務

児童養護施設（参照▶第2章Ⅱ§1〔p. 78-〕）で働く保育士はどのような勤務形態で、どのような役割を担って働いているのだろうか。ここでは、ある児童養護施設A学園で働く保育士Bの一日を追いながら、このことを考えてみよう。

（1）児童養護施設の生活

A学園の概要

BはA学園に勤めて3年になる。A学園は以前は大舎制であったが、現在は地域にグループホームを3か所開設し、本園も**小規模グループケア**[*1]の形態となった。6名の子どもたちが、4LDKのユニットで生活する。グループホームも本園も男女混合で異年齢の子どもたちが一緒に暮らす形態が主である。高齢児には極力個室を整備するようにしている。保育士や児童指導員は3名ずつの配属である。

（2）保育士の業務・他職種との連携

今日のBの勤務は、午前6時半に出勤し、午前9時半から午後3時半までの長い休憩をはさんで、午後9時半までのいわゆる**断続勤務**である。断続勤務とは児童養護施設に多い勤務形態で、子どもたちが学校に行っている昼間に長い休憩をとり、朝方と夕方から夜にかけて働くスタイルである。Bは学園に近いアパートに住んでいるので、通勤は楽だし昼間の休みにも帰ることができる。生活プログラムはあるが高校生は帰宅が遅いことが多く、部活動で遅くなる中学生もいるので大まかな生活の目安といった位置付けである。

---

*1 　生活の規模を児童養護施設では6人とし、食事、入浴、就寝が同じ場所でできる設備環境を整えている形態のこと。①本体施設で行うものと②敷地外でグループホームとして行うもの（分園型小規模グループケア）があり、②の定員は4〜6人（ただし経過措置あり）。
　厚生労働省「児童養護施設等のケア形態の小規模化の推進について（通知）」、2005年（2022年一部改正）

そのほかのユニット担当職員は1人が男性の児童指導員で今日は**宿直勤務**のため、午後1時から翌日の正午12時まで勤務する。そしてもう1人は公休日だ。そのほかに担当ユニットをもたず支援に入る**フリー**の児童指導員もいる。このような体制で起床の声かけから食事の配膳、掃除に洗濯、アイロンかけに入浴の手伝い、宿題をみたり一緒に遊んだり、学校との連絡やPTAへの参加、児童相談所との連絡調整などを行っている。

栄養士との連携

児童養護施設には、子どもたちの生活支援を行う保育士・児童指導員のほかに、**栄養士・調理員を置くことが原則として義務付けられている**。子どもたちは虐待のために適切な食事経験がない場合も多い。子どもたちの日々の成長や食事の楽しみだけでなく、将来の生活のためにも、栄養士と調理員はきわめて大切な職種である。

家庭支援専門相談員との連携

2004年度より始まった**家庭支援専門相談員**（ファミリーソーシャルワーカー 🔗Ⅱ§2-2.〔p. 179〕）の配置が2011年度から義務化された。家庭支援専門相談員は施設に入所している子どもたちの家族再統合や自立支援を図ることが主な役割である。寮担当の保育士は家庭支援専門相談員と情報交換を行い一貫した支援ができるように配慮する必要がある。

心理療法担当職員との連携

心理療法担当職員（🔗§2-3.〔p. 161〕）も、2011年度から児童10名以上に心理療法を行う場合の配置が義務化されている。虐待を受けた子どもの心理治療を担っているが、施設の生活場面の中で治療的面接を行う難しさを抱えている。保育士Bは心理療法担当職員の役割をよく理解しその助言を得て、日常の生活支援の中に生かしていくように努めている。

＊2　家族が単に一緒に暮らすことだけを目標とするのではなく、情緒的な課題の解決を含めた、家族関係のつくり直しをすること（→p. 173-も参照）。

里親支援専門相談員（里親支援ソーシャルワーカー）との連携

　2012年度より、**里親支援専門相談員**の設置が開始された。児童養護施設に地域の里親及びファミリーホームを支援する拠点としての機能をもたせ、児童相談所や地域の里親会などと連携して、里親委託の推進や退所児童のアフターケアとしての里親支援を行う。担当保育士からの情報も重要である。所属施設からの退所児童に限らず、地域支援としての里親支援も行っている。

2．乳児院で働く保育士の業務

　乳児院（➡第2章Ⅱ§2-1.〔p. 89-〕）での暮らしはどんな様子なのだろうか。ある乳児院の一日を紹介する。乳児院での生活をイメージしてみよう。

（1）乳児院の生活

E乳児院の概要

　E乳児院は入所定員25名である。職員は、院長1名のほか事務員1名、家庭支援専門相談員1名、里親支援専門相談員1名、**看護師**4名、保育士及び児童指導員16名、栄養士1名、調理員3名、心理療法担当職員1名、嘱託医1名、個別対応職員1名の体制で、乳幼児25名の日々の養育にあたっている。

　大きく0歳児と1～2歳児に分け、それをさらに数名の小グループに分けて世話をしている。保育にあたっては、子どもとの基本的愛着（アタッチメント）を育てるため、1人の子どもに1人の担当職員ができる限り濃密にかかわる担当養育制（個別担当制）を基本としている。

子どもたちの生活プログラム

　表1のとおりであるが、子どもの状況や季節などによって変わることも多い。特に3か月未満児は昼夜の区別もまだつかないので、授乳も頻繁に行っている。

---

* 3　〔attachment〕→第2章＊7（p. 86）及び p. 91参照。

表1　生活プログラムの例（1歳児）

7：00	起床、着替え、おむつ交換	11：30	昼食
7：30	検温	13：00	午睡
8：00	朝食	15：00	検温、おやつ、水分補給 入浴、おむつ交換
9：00	看護師による健康観察	17：00	夕食、遊び
9：15	おやつ（水分補給）	19：00	おやつ、水分補給
9：30	おむつ交換	20：00	就寝
10：00	グループ保育、散歩 戸外遊びなど		

出所：筆者作成

（2）保育士の業務・他職種との連携

　E乳児院で養育の中心になっているのが保育士である。24時間交替勤務体制で子どもたちの養育にあたっている。この乳児院では児童指導員も保育士と同等に養護にあたっている。看護師はやや少ないが、どの勤務時間帯にも必ず1人はいるように勤務を組んでおり、一見すると誰が保育士で誰が看護師かわからない。調理員や栄養士も食事時間を中心に保育場面に参加している。男性は少なく、調理員のうちの1名と心理療法担当職員の2人だけである。

　保育士Fは、今日は昼からの勤務だ。出勤すると連絡ノートに目を通し、昼からの勤務者数名と早番職員とで簡単なミーティングを行い、子どもの健康状態、食事、睡眠の様子や出来事などをチェックする。障害やアレルギーのある子ども、虚弱体質の子どももいるので引き継ぎは欠かせない。

　Fは乳児院で働くようになって、医学知識が身についてきた。E乳児院では、保育士も看護師もその職種を越えてお互いの知識を分かち合い理解を深め、**保育看護**[*4]能力を身につけるよう努力している。その成果だと思っている。

　ミーティング後、保育に入る。昼食を食べさせ食後の後片付けにおむつ交換や排泄指導を済ませた後午睡となる。午睡中は様子を観察し室温や静かな

＊4　全国乳児福祉協議会広報・研修委員会編『改訂新版　乳児院養育指針』全国社会福祉協議会、2015年、p.29

環境に気を配る。一段落すると、記録を整理する貴重な時間である。子ども
たちが午睡から目覚めると検温や着替え、おむつ交換をしておやつの時間と
なる。E乳児院ではおやつもみな手作りにこだわっている。1回の食事量の
少ない乳児にとっておやつも大事な第二の食事だからだ。おやつが済んだら
今度は入浴となる。入浴は大仕事だ。6か月児ともなると体重は生まれた頃
の2倍から3倍となりズシッと重い。子どもたちの機嫌や肌の様子などをよ
く観察しながら入浴させる。こうして夜までFの忙しい勤務は続いた。

3．児童自立支援施設で働く保育士の業務

（1）児童自立支援施設の生活

児童自立支援施設C学園の概要

　C学園の日課と職員の業務を紹介しよう。C学園は40名定員で現在33名が
在籍している。3寮体制で1寮2グループ制の中舎制で児童自立支援専門員、
児童生活支援員、看護師、栄養士、調理員、心理療法担当職員、個別対応職
員、家庭支援専門相談員が生活指導にあたっている。子どもたちは施設内の
寮舎で職員とともに生活する。寮舎ではある程度日課があり、規則正しい生
活習慣が身につくように配慮されている。寮の職員体制は児童自立支援専門
員と児童生活支援員計8名で、早出・遅出・宿直の交替勤務制をとっている。

表2　日課の一例

6：45	起床・洗面・清掃	15：00	クラブ活動
7：00	マラソン・ラジオ体操	17：00	清掃
8：00	朝食	18：00	夕食
9：00	分校へ登校・授業	19：00	日記・自習
12：00	昼食・昼休み	20：00	入浴
13：00	午後の登校・授業	21：00	反省会・就寝

出所：筆者作成

（2）保育士の業務・他職種との連携

保育士は**児童生活支援員**として、子どもたちの自立を支援する**児童自立支援専門員**と協力しながら主に生活の支援にあたる。子どもたちは生活能力を養うため、洗濯、寮内の掃除も行っている。食事は、栄養士が作ったメニューを調理員が調理し、寮舎で子どもたちが分担して盛りつける。近くの小中学校の**分校**が施設内にあり、学校教育はすべて分校で行う体制である。中学卒業児童は「高等部」に現在10名が所属している。

4．主として重症心身障害児を入所させる施設で働く保育士の業務

主として重症心身障害児を入所させる施設（第2章Ⅱ§3-1. [p. 101-]）は医療法に基づく病院でもある。超重症児の場合は多くの医療的ケアが必要になるので、病院に付設された施設も多い。ここでは病院に付設されたある施設における保育士の業務を紹介する。

（1）重症心身障害児の入所施設の生活

施設の概要

この施設は定員が40名で、医療的ケアを主とする子どもたちが約3割、残りが日常生活ケアを主とする子どもたちである。この子どもたちに対し、医師である施設長をはじめ、看護師、児童指導員、保育士、理学療法士など約40人の職員が日々の療育にあたっている。

表3に示したのが、この施設の日常生活ケアを主とする子どもたちの生活プログラムである。日中の保育・療育活動は乳幼児と特別支援学校卒業後の年長児を対象としている。学齢児はこの病院に併設されている特別支援学校で教育を受けている。

表3　生活プログラムの例

5：00	検温（全員）・おむつ交換	15：00	チームカンファレンス
6：00	起床・洗面・歯磨き		更衣・おむつ交換
7：00	朝食・経管栄養・与薬	16：00	経管栄養
8：00	全体カンファレンス・情報交換		申し送り
9：00	更衣・おむつ交換・腰痛体操	17：00	検温（おむつ交換）
	検温・デイルームへ・学校へ		夕食・与薬
10：00	保育・療育活動	18：00	洗面・歯磨き
11：30	おむつ交換		ベッドへ移動
12：00	昼食・経管栄養・与薬	19：00	おむつ交換
13：00	検温（全員）・おむつ交換		経管栄養・与薬
	入浴（月・水・金）	20：00	消灯・検温
14：00	処置・おやつ		

出所：筆者作成

（2）保育士の業務・他職種との連携

　保育士は日常生活ケアを主とする子どものグループで日常生活のケアと日中保育を中心に子どもたちにかかわっている。勤務体制は日勤（8:30〜17:15）、変則勤務（7:30〜16:15）、準夜勤（16:30〜1:15）、深夜勤務（0:30〜9:15）であり、<u>保育士は看護師や児童指導員とともに</u>勤務している。

チームで行う療育

　この施設の職員のうち最も多いのが看護師である。看護師と保育士・児童指導員の割合は約3対1である。部屋も病棟そのものだが、そのほかに日中保育を行うデイルームと機能訓練室に浴室がある。子どもたちの洗面や食事、おむつ交換などの日常生活ケアは、看護師も保育士も一緒になって行っている。その中で保育士が主な役割をもつのが日中の保育活動である。日中デイルームでの保育活動ができるのは十数名。子どもたちの個々の状況を考えながら、毎日の保育活動を考える。子どもたちの発達の状態や体調の不安定さなどを考慮して、主に乳幼児向けの感覚遊びや揺さぶり遊びを参考に、音楽も取り入れて、その日勤務している看護師と協力し合い保育活動を行う。一

人ひとりに笑顔が出てくるように興味関心をひきだせればまずは成功だが、これがなかなか難しい。また体調の維持管理が難しい子どもが多いので、毎日の検温や体調把握と朝のカンファレンスでの情報交換はとても重要だ。理学療法士などによる**機能訓練**も随時行われるので、その点も前もってよくチェックしておく必要がある。保育士も障害や疾病に関する基礎知識をもち、医療スタッフとともに子どもたちを療育するスタッフの一員として**チーム**で療育にあたることが大切である。

5. 主として知的障害児を入所させる施設で働く保育士の業務

（1）知的障害児の入所施設の生活

I 学園の概要

I 学園の朝がやってきた。子どもたちの起床は6時半。保育士Jの今日の勤務は早番だ。6時15分から寮の職員室で、夜勤担当の職員から子どもたちの様子を引き継ぐ。その後、今日の予定が確認された。この寮には4人部屋が4つあり16人の女子が生活している。6時半になると、目覚まし代わりに音楽をかけて居室を回り、声かけをして子どもたちを起こす。知的障害のある子どもたちは、身体介護の必要はあまりないが、着替えに洗面、食事に歯磨きにトイレといった**日常生活動作**（Activities of Daily Living：ADL）は繰り返し根気強く教え、覚えてもらわなければならない（＊第2章Ⅱ§5-1.〔p. 127-〕）。朝はとても忙しい時間帯だが、日常生活動作を身につける大事なときでもある。

（2）保育士の業務

保育士の朝の仕事

Jは担当の部屋に行って「おはよう」と声かけをし、Kさんの着替えをみながらLさんの身支度も手伝う。Kさんはパジャマのたたみ方の練習中なので、Jはそれを見守りたたみ方を教える。Lさんはたたむことはできるが服

の裏表がまだよくわからないので、そこを手助けしながら、Nさんの布団上げも見守り声かけをする。ようやく着替えや洗面が済んで、さあ食堂で朝食だ。

　Kさんは食べこぼしが多いので、エプロンをしてスプーンで食べる。Jは、Kさんにさっとエプロンをつけ時々介助しながら、Lさんにはご飯・おかず・味噌汁をバランスよく食べられるように声かけをする。食事が終わると今度は歯磨きにトイレだ。Nさんはお尻を一人で拭けるようになったが、紙を適量取ることがまだできない。一緒に紙の量を確認して持たせてトイレに座る。その後、歯磨きができない子どもに手を貸して一緒に磨く。子どもにとってうがいは意外に難しいらしく、すすいだ水を吐きだせない子も多い。

　歯磨きが終わったら、カバンやランドセルを持って学校に向かう。Jは、今日は特別支援学校の送迎担当だ。学校担当のT指導員とともに、学園のマイクロバスで学校まで子どもたちを送る。寮の子どもたちと一緒にバスに乗ると、他寮の子どもたちも次々とバスに集まってくる。子どもの様子を寮職員から引き継ぎ全員の出席を確認すると学校に出発だ。

保育士の日中の仕事

　学校に着くと今度はクラス担任の先生が子どもたちを迎えに来る。昨日から今朝までの様子を先生に伝え「いってらっしゃい」と送りだす。

　学園に戻ると洗濯機を回し、学園に残っている18歳を超えた利用者の作業活動に参加。今日は比較的作業のできる人が集まっている「結び織り班」に参加した。昼食指導は遅番職員に引き継ぎ、1時間の休憩を取った後寮務を行い再び2時半に学校に迎えに行き、子どもたちとともに帰園。学校の先生から預かった連絡ノートを各寮の迎えの職員に手渡し、学校での子どもたちの様子などを引き継ぐ。寮に帰るともう3時を過ぎている。子どもたちはおやつの時間となりJの勤務は終了だ。残っていた洗濯物の片付けをしてから今日の出来事や学校のことなど、子どもそれぞれの記録を書く。そうこうしているとたちまち時間が過ぎてしまう。Jが寮を後にしたのは、4時半過ぎだった。

（3）他職種との連携

　子どもたちの養育の中心になっているのが保育士である。交替制勤務で、24時間子どもたちの療育にあたっている。児童指導員も保育士と同等に療育にあたっている。看護師も交替制で3名が勤務し、子どもたちの生活している時間帯に必ず1人はいるように勤務が組まれている。栄養士や調理員も食事の準備や調理に励んでいる。I学園は今は**同性介助**だが、ベテラン職員の話では以前は異性介助もあったそうで、会議で何度も話し合い、20年ほど前から同性介助になったとのことだった。

（4）てんかんの手当て

　Lさんが急にてんかん発作を起こした。**てんかん**は施設に入所している知的障害児の2割弱にみられる障害である。JはあわてずにLさんの安全を確保し様子を観察しながら手当てを始めた。

❖てんかん（**大発作**）の手当て

- ・突然意識を失って体を硬直させて倒れ、手足を硬直させる。
- ・発作は数分で終わる場合が多い。
- ・昔は発作を起こすと舌を噛まないようにと割り箸を噛ませることもあったようだが、それはかえって危険なので行う必要はない。
- ・発作を起こした時には横に寝かせ、衣類を緩め吐いた物で喉を詰まらせないように顔を横に向ける。
- ・時間を計りながら静かに発作の様子を観察する。
- ・もし、10分以上発作が続いたり、終わっても意識が戻る前にまた発作を起こしたりする場合（発作重積状態）は救急車の手配をする必要がある。

　てんかんとは、大脳の神経細胞が過剰に興奮することによってさまざまな発作を起こす病気で、発作は繰り返し起こり、治療は長期間に及ぶ。てんか

んの検査に一番大事なものが脳波検査で、しばしば特徴のある脳波の異常を示す。日本では全人口の約0.8％にみられ、全国で100万人の患者がいる。[*5] 患者それぞれの発作症状は決まっており、発作は大きく「全般性発作」と「部分発作」に分けることができる。全般性発作は発作のはじまりから脳の全体が「電気的な嵐」に巻き込まれて意識が最初からなくなるのが特徴である。これに対して部分発作は、脳の限られた部分から始まる発作である。適切な服薬治療で7〜8割の人が発作をコントロールでき、不治の病ではない。[*6]

学びの
ヒント

「多様な性」を尊重する

　社会的養護の場においても「性的マイノリティ（少数者）」の子どもたちへの配慮が重要である。性的マイノリティとは、「性的指向」「性自認」に関しての少数者を指す。主に「LGBT」（Lesbian：女性の同性愛者、Gay：男性の同性愛者、Bisexual：両性愛者、Transgender：心の性と体の性との不一致）であり、人口の8％とされる。[*7] 性的マイノリティの人々は様々な差別などを受けやすく、自殺リスクが高いことも指摘されている[*8]。

　社会的養護の場でも、一定の割合で性的マイノリティの子どもがいると認識して個々の様子をよく見守るとともに、生活の中での不自由さを感じることがないような手立てが必要である。

　第三者評価において、2022年4月から「文化や性的指向、性自認の多様性を尊重するための学習の機会や取組を施設としてどのように行っているか」が問われるようになった。

＊5　川崎淳／社団法人日本てんかん協会編『てんかん発作こうすればだいじょうぶ──発作と介助』クリエイツかもがわ、2008年、pp.6-7を要約・引用。
＊6　日本てんかん協会ウェブサイト参照。▶https://www.jea-net.jp/epilepsy
＊7　中西絵里「LGBTの現状と課題──性的指向又は性自認に関する差別とその解消への動き」『立法と調査』394、2017年
＊8　東京都総務局人権部人権施策推進課「性自認・性的指向 多様な「性」があること、知っていますか？」、2023年

虐待を受けてきた子どもの行動について考えよう

　児童養護施設に実習に行ったPは、初対面にもかかわらず子どもたちが
「遊んで〜」と抱きついてきたのに驚いたが、同時にほっとしてうれしくなっ
た。その中の1人小学2年生のH子ちゃんとすぐに仲良くなれた。1週間ほ
どすると甘えてきたりし、関係がかなりできたと感じていた。

　ある日、H子ちゃんが片付けの時間にも遊びをやめない。「もう片付けよう
ね」と優しく声をかけたのに、H子ちゃんは突然「うざいんだよ、馬鹿」「死
ね」と激しく罵り、手に持っていたおもちゃをPの顔面に投げつけてきた。
Pには「普通に言っただけなのになぜ？」という疑問と、驚きと怒りがこみ
上げ、「うざいとは何、いい加減にしなさい」と大声で怒鳴り返した。

　H子ちゃんはその後、職員Mに注意されていたが、反省の色は全くみえな
い。ひどいことをしたのだから、もう少し厳しく叱ってくれればいいのに
Pは思った。Pは、その後はH子ちゃんから少し距離を置いてくるだろうと
思った。しかし、H子ちゃんは翌日、何事もなかったかのように接してきた。

　《Q1》H子ちゃんの反抗の理由は何だったのだろうか。

　《Q2》Pにはなぜ怒りがわいてきたのだろうか。

　《Q3》あなたが職員Mだったら、この後どう対応すれば状況が改善する
　　　　だろうか。

Q1を考える視点

◇虐待を受けた子どもは、特定の大人との愛着関係ができていないため、初対面
　の人にでも表面的には親密に接近することがある。

◇虐待を受けた子どもは感情のコントロール能力が不十分であり、過去の虐待の
　影響により、些細なことでも感情爆発や興奮を示すことがある。

Q2を考える視点

◇大人の側が、虐待を受けた子どもの心理状態を知識として理解していないと、
　感情的な反応をしてしまうことがある。

◇子どもから攻撃されると、大人は「自分に不当に怒りを向けられた」などと感
　じ否定的な感情をもちやすいが、虐待を受けてきた子どもは、もとから内面に
　怒りをもっている場合がある。

◇こんなに一生懸命やっているのに、というような気持ちがあると、子どもが大
　人の望むような反応を返してこなかったときに、大人の側が怒りや失望などを
　感じてしまうことがある。

Q3を考える視点

◇子どもに対して、怒鳴ったり叩いたりして「こわい思い」をさせても、本質的
　に理解することはない。怖いので一時的には行動は改まるが、問題を繰り返し
　ていった場合、もっと「こわい思い」をさせないということを聞かなくなると
　いう悪循環に陥る。

◇子どもが本来もっているポジティブな力に着目し、「問題」を起こしていない
　ときに関係づくりをする。子どもへの働きかけの方法や目標、目標達成までの
　期間を、職員チーム全体で相談しながら支援することが大切である。

§2 虐待された子どもへの支援

1. 虐待の分類と被虐待児の心理・行動上の特性

現在、入所型児童福祉施設に入所してくる子どもたちは、ほとんどが何らかの被虐待経験をもっている。

❖虐待の分類

法による分類と具体的内容は以下のとおりである。[*9]

①身体的虐待

子どもの身体に外傷が生じ、または生じる恐れのある暴行を加えること。

例）首を絞める、殴る、蹴る、投げ落とす、熱湯をかける、布団蒸しにする、溺れさせる、逆さづりにする、異物を飲ませる、食事を与えない、冬に戸外に締めだす、鎖や縄等で一室に拘束する、タバコを押しつける、意図的に子どもを病気にさせる等。

②性的虐待

子どもにわいせつな行為をすることまたは子どもにわいせつな行為をさせること。

例）・性交、性的暴行、性的行為の強要等。
　　・性器や性交を子どもに見せる、子どもをポルノグラフィの被写体にする等。

③ネグレクト

子どもに必要な世話や配慮を怠ること。

例）・家に閉じ込める、乳幼児を家に残したままたびたび外出する、車の中に放置する等。

＊9　母子愛育会日本子ども家庭総合研究所編『子ども虐待対応の手引き──平成25年8月厚生労働省の改正通知』有斐閣、2014年、pp.3-5

　　　　・重大な病気になっても病院へ連れて行かない等。

　　　　・適切な愛情や食事を与えない、長期間不潔な環境で生活させる等。

　　　　・祖父母、きょうだい、保護者の恋人等同居人の虐待を放置する。

④心理的虐待

　　子どもに対する著しい暴言、著しく拒絶的な対応、子どもが同居する家庭
における配偶者への暴力等。

　　　例）・言葉による脅かし、脅迫、無視したり、拒否的な態度を示す。

　　　　　・ほかのきょうだいと著しく差別的な扱いをする。

　　　　　・子どもの前で配偶者やほかのきょうだいに暴力を振るう（面前DV）。

　　虐待が子どもに及ぼす影響は、生死にかかわるような体験が精神的に大き
なダメージを残す**PTSD**（Post Traumatic Stress Disorder 心的外傷後ストレス障害）
として、また養育者との間の「愛着障害」として捉えることができる。激し
い暴力・暴言だけでなく、ネグレクトや被害が見えにくい心理的虐待、性的
虐待なども、子どもに与える影響はきわめて深刻である。

　　虐待によって、<u>養育者との「関係」が長期的、反復的に壊れたりゆがんだ</u>
<u>りした結果、子どもの自我や情緒のあり方、世界に対する認知（物事を認め、</u>
<u>理解する方法）の枠組みの正常な発達が損なわれるのである。</u>

❖虐待を受けた子どもの特徴

　　例えば以下のような特徴があるが、状況により重複している場合もある。

・自分が存在してよいという基本的感情がもてない。

・暴力など、自分が受けてきた虐待行為を再現することがある。

・施設で新たに出会う大人に対して、自分を虐待してくるのではないか、ど
　んなことまでなら許容されるのかをはかるために、大人を挑発し怒らせる
　ような「試し行動」を示すことがある。

・気持ちのコントロールができず、急に怒りだしたり暴れたりする。

・他者の気持ちを推しはかったり、共感することができない。

・「辛い」「苦しい」「悲しい」といった感情の抑圧あるいは麻痺があり、ほかの人の辛さや痛みが理解できなくなっている場合がある。
・大人との関係の中で、「子ども」としての保護や愛情を受けられずにいたり、親を支え助けてきたことにより「役割逆転」が起きたりしている場合、子どもは自分の本心を出せないことがある。
・特定の人に愛着をもてず、誰にでもべたべたと甘える。
・ネグレクトのように、大人からのかかわりが遮断されてしまっているような場合は、ひきこもりのような傾向を示したり、周囲との適切な関係が築けなくなったりする場合もある。

2．虐待された子どもへの支援の考え方

　支援の基本は、対人関係の枠組みをつくり直し、子どもが自分の能力を発見し力を発揮できるような場をつくることである。

❖子どもとのかかわりのポイント

・子どもからの挑発に乗らない。
・安心できる環境で生活させ、大人からいたわられる経験をさせる。
・悲しみ、怒りなどを含め、子どもが自分の気持ちを表現できるようにする。

　成育途上で受ける虐待については、**発達性トラウマ**という概念によって近年説明されるようになっている。安心で安全な生活環境の中で、職員が子どもの言動の意味を読み解きながら、冷静に対応していくことが大切である。大人との愛着関係をつくり直すために、年齢的に子どもが自分でできることであってもあえて職員が行い、子どもとしての「依存」を体験してもらうことも重要である。子どもはそのような積み重ねの中で、育ち直すことが可能となる。

3．心理療法担当職員などとの連携

　虐待の事実そのものについては、施設内の**心理療法担当職員**や児童相談所の**心理判定員**と連携して解決を図る必要がある。子どもに対する心理療法には、遊びの中で子どもの抱える葛藤などを表現させていく**プレイセラピー**や**箱庭療法**などがあり、時間を限定し、施設内の**心理室**で行われる。

　職員は心理療法担当職員と子どもへの援助について協議するが、必要な情報のみを交換し、それぞれの役割を尊重するようにする。また原則として、心理療法担当職員から聞いた話の内容は職員から子どもに伝えてはならない。心理療法担当職員と子どもとの信頼関係を壊し、心理療法そのものの意味を失わせてしまうからである。施設内の心理療法だけでなく、医学的な治療を必要とする子どももいるので、精神科受診なども含め適切に対応する。

4．被措置児童等虐待と子ども間暴力

　2011年7月に取りまとめられた「社会的養護の課題と将来像」において、施設の小規模化や被虐待児への専門的ケアの充実とともに、子どもの**権利擁護**が大きな課題としてあげられた。

　社会的養護施設内での子どもへの人権侵害（**被措置児童等虐待**）は、1995年の千葉県恩寵園での事件以降、各地で大きな問題となっている。「児童福祉施設における施設内虐待の防止について」（2006年）においては、人事体制の見直しや職員の資質向上を図ること、及び子どもの意見表明の機会や施設運営の透明性を確保することなどが通知された。施設内での虐待は、一職員のミスやアクシデントではなく、施設全体の課題として取り組むべきことが明記されている。

　2009年4月に児童福祉法が改正され、施設や里親に措置された子どもに対する虐待が、児童福祉法上で明確に禁止された。

　被措置児童等虐待を受けたと思われる児童を発見した者は、速やかに都道

府県の設置する福祉事務所、児童相談所、都道府県の行政機関などに通告しなければならない。虐待を受けた児童本人も届け出ることができ、また通告をしたことを理由として、施設職員などは解雇その他不利益な取扱いを受けないことも規定された。なお自治体ごとに的確な対応をするための「被措置児童等虐待対応ガイドライン」も定められている。

被措置児童等虐待の届け出件数は、毎年公表されているが、2009年以降年平均100名余の子どもが被害にあっている。厚生労働省雇用均等・児童家庭局は2013年に「被措置児童等虐待防止に関する取組の徹底について」を出し、被措置児童等虐待防止対策としては、「研修の場において権利擁護の徹底を図る」「各団体が実施する研究への参加促進開催支援等必要な協力を実施する」という方向性をあげている。

子どもの意見表明については、施設内の苦情受付体制を整えるだけでなく、実際に子どもが意見を言えているかどうか実態をよくみること、また児童相談所や運営適正化委員会（参照第1章 I §4-3.(1)(p.53)）、第三者委員（参照第1章 I §4-2.(p.50-)）などを含めて、外部との連携を図ることも今後ますます重要となってきている。さらに2016年5月の児童福祉法改正においては、附帯決議として「自分から声を上げられない子どもの権利を保障するため、子どもの権利擁護に係る第三者機関の設置を含めた実効的な方策を検討すること」が明記された。[*10]

2022年の民法改正において、親権者の懲戒権の規定（第822条）が削除されるとともに、親権者は、「子の人格を尊重するとともに、その年齢及び発達の程度に配慮しなければならず、かつ、体罰その他の子の心身の健全な発達に有害な影響を及ぼす言動をしてはならない」（第821条）と規定された。この規定に伴い、児童福祉法第33条の2及び第47条において、監護及び教育に関して子どもの福祉のために必要な措置をとることができる児童相談所長や施設長等にも、同様の定めが置かれた。

---

*10　参議院厚生労働委員会「児童福祉法等の一部を改正する法律案に対する附帯決議（平成28年5月26日参議院厚生労働委員会）」、2016年

　施設内で子どもへの虐待がある場合、その奥にはより根深い支配関係があることがほとんどである。

❖施設内虐待の土壌

- **体罰**はなかったとしても、子どもが職員の言うことを聞かないと様々な形での罰則や脅しなどがある。
- 子どもと職員との関係だけでなく、職員同士でも民主的な話し合いができないなどの施設運営上のゆがみがある。

　また施設では**子ども間暴力**にも注意が必要である。

　「虐待」という考え方より広い**不適切なかかわり**（マルトリートメント）という概念がある。子どもの養育において「してはならないことをする作為」としての「ABUSE 虐待」と、「なすべきことをしない不作為」としての「NEGLECT 無視・怠慢」という2つの概念によって説明される考え方であり、大人からの行為だけでなく、子ども同士の支配や暴力も含む考え方である[*11]。施設内では子どもたち相互の状況をよく見極めて支援することが重要である。

§3　虐待への対応

1．子どもの「問題行動」への対応

　子どもは本当に安心し、「ここでは本音を出してもいいのだ」と感じられたとき、**「問題行動」**を起こしたり、いわゆる「赤ちゃん返り」ともいわれる「退行」を示したりする。反抗的に見える子どもも、見方を変えればどんな状況にもあきらめたり引きこもったりしないエネルギーがあると考えることができる。

＊11　日本小児科学会「子ども虐待診療の手引き 第2版」、2014年、p.1

❖子どもの「問題行動」

- 「問題行動」は子どもが自分と向き合うため、職員が子どもとかかわるためのチャンスという側面もある。
- 「だらしなさ」「反抗」「嘘」など子どもの「問題行動」は、子ども自身が不当にぞんざいに扱われてきたことへの表現でもある。
- 「愛される」「大切にされる」ということ自体がよくわからない子どももいる。
- 過酷な環境に育った場合は、「辛い」「苦しい」「悲しい」といった感情が麻痺してしまうこともある。
- 他者への共感が育たないために、ほかの子をいじめたり動物に残酷なことをしたりしても「全く反省していない」ように見え、職員が怒りを感じてしまうこともある。

　近年の研究では、体罰によって前頭前野が、性的虐待や面前DVによって視覚野が委縮し、暴言によっては聴覚野が肥大するなど、虐待の脳への影響が明らかになってきている。[12]

　子どもの「問題行動」の意味は一つだけではなく、また職員が解釈していることとは全く別のものかもしれない。子どもの言動について医学的な側面も含めて多角的な視点があるほど、職員が閉塞感や無力感、苛立ちなどを感じることが減り、子どもの良い点や回復力（レジリアンス）を敏感に見出しやすくなる。

　ただし、「問題行動」についての解釈や対応方法は、施設全体で考え方を一致させるようにする。特定の職員だけが疲弊していないか、一緒に生活しているほかの子どもへの影響はどの程度かなど、様々な角度から状況を検討していくことが必要である。火遊び、万引き、暴力行為などについては、施設としてどこまで援助が可能なのか、児童相談所からの意見も聞いていくことが大切である。

＊12　友田明美『子どもの脳を傷つける親たち』NHK出版、2017年

2．性的虐待への対応

　虐待の中でも**性的虐待**は「沈黙の虐待」といわれるほど、真実が語られるまでに年数を要する。加害者は、子どもや周囲の人々にとって「親切で優しい人」「信頼できる人」とみえている人であることも多い。子どもに「かわいいからこうするのだ」「誰にも言ってはいけない」と言っていることもあるので、子どもは事実を理解したり話したりすることが難しく、証拠も残りにくい。様々な調査でもこの問題の深刻さが明確になった。[*13]

❖対応のポイント

　　①告げられたときに「そんなことはありえない」「あなたもいけなかったのでは」などとは絶対に言わず、子どもの言うことをきちんと受け止める。
　　②被害児の特徴（年齢不相応の性的な言動や身体症状など）や対応方法を理解する。
　　③相談できる専門機関を知っておく。
　　④施設内で子ども同士の間で発生した場合は、加害児への対応、告知された職員へのサポートも重要であり、施設全体で一致して対応する。

　性的虐待を受けていたとは自覚していない状態で施設に入所してくる子どもたちもいるので、入浴や排泄の介助だけでなく、スキンシップのとり方などについても十分気をつけなくてはならない。

　性的虐待は施設だけでなく、地域、学校、ボランティア、実習生など子どもにかかわるすべての人間関係の中で起こりうるので、十分な注意が必要である。加害児（者）が実は過去には被害を受けていた場合もあるので、専門家と連携した対応が求められる。

＊13　神奈川県児童相談所における『性的虐待調査報告書』第1回‐第5回、2004-2023年
　　▶https://www.pref.kanagawa.jp/documents/15797/file4.pdf

「体罰」について考えよう

　　O学園のベテラン職員Aは「今の時代、職員は『親代わり』とはいえない
が、自分の子どもだと思うくらい真剣に向き合わないとだめだ」というのが
信条である。「体罰はもちろんよくない。しかし、真剣な思いと適切な判断が
職員にあって、子どもに通じるならば、多少厳しい言動があってもよい」と
言う。手こそ出さないが、「悪いことをしていたら、即座に徹底して伝えない
といけない」「物事のけじめは最後までつけさせるのが正しい『しつけ』だ」
と、子どもを大声で制止したり長時間正座させて話をしたりする場面がある。

　　主任LもAのやり方に賛同していて、「子どもには『しつけ』が大切だ」
「何より子どもたちが自分のやり方を受け止めてくれているし、なついてい
て関係も良いから、やり方を変えるつもりはない」と話している。実際、A
やLには子どもたちが従っており他の職員のときには言うことを聞かない。

　　疑問を感じたある職員が外部の人に相談してみたところ、「『体罰』はだめ
ですが、指導の一環としてなら、ある程度強く接することは現場ではやむを
得ないのではないでしょうか」と言われた。

　　《Q1》職員Aの考え方・対応の仕方についてあなたはどう考えるか。

　　《Q2》主任Lの意見について、あなたはどう考えるか。

　　《Q3》施設長の代行する「親権」について調べてみよう。

不適切な支援方法

Q1

◇ 「しつけ」とは「子どもの人格や才能等を伸ばし、社会において自律した生活を送れるようにすること等の目的から、子どもをサポートして社会性を育む行為」である。

◇ たとえ「しつけ」のためと養育者が考えても、「身体に、何らかの苦痛を引き起こし、又は不快感を意図的にもたらす行為（罰）である場合は、どんなに軽いものであっても体罰に該当し、法律で禁止」される。[*14]

Q2

◇ 養育者からの一方的な力の行使によって子どもの行動を制止・変更させても、適切な社会性や判断力、自己コントロール力が養われることはない。

◇ 力を行使する職員に対して子どもが従い、なついているように見えるが、「こわいから」であって、信頼関係が醸成されているわけではない。

Q3

◇ 「親権」は子どもを支配するためのものではなく、子どもの権利を守り、親の義務を重視して理解するべきものである。

◇ 2019年児童福祉法及び児童虐待防止法改正において、体罰の禁止が規定され、施設長も同様であるとされている。

◇ 2022年民法改正において、親権者による懲戒権規定が削除された（参照➡Ⅱ§3-3.〔p.185-〕）。親権を代行する施設長はもとより、職員もこの規定を踏まえて職務に当たらなくてはならない。

---

*14　厚生労働省「体罰等によらない子育てのために──みんなで育児を支える社会に」、
　　2020年、p.5

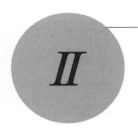

親子関係の調整

§1　子どもと家族への支援

　ここでは、子どもの成長の基盤となる**親子関係**にゆがみが生じた場合職員がどのような視点で双方にかかわり、関係を調整、修復していくかについて

　①虐待を受けている子どもの保護のしかた

　②その後の施設での生活において子どもが納得するプロセスへのかかわり方

　③通信、面会、一時帰宅のあり方

の視点から学んでいく。

　そして、「子どもの最善の利益」や「子どもの権利」に対し、ときに対立するかのようにみえる「親権」の内容や、その制限の手続き、今後の課題に関しても考えてみたい。

親子関係の調整について考えよう

　中学2年生のJさんは児童養護施設に入所している。Jさんの母親は、面会に遅れてきたり直前にキャンセルしたりすることが多い。電話が入るときには、いつも酔っているような声である。先日もキャンセルがあり、職員Yはついイライラして「電話してくるときはいつも飲んでいるんですね」「親なんだから、最低限のことはしてあげないと！」ときつく言ってしまった。しかし、さすがにYも反省して次の電話では謝り、「大丈夫ですよ。私たちがしっかりみていますから」と安心させようとしていた。Jさんには「しっかりして、お母さんのためにもがんばれ」と励ましている。しかしJさんにもだらしないところがあり、今朝も学校へ遅刻していった後ろ姿を見て、「やっぱり親子だから似るのかなあ。親がああだからしょうがないよなあ」とつぶやいているのを、実習生Hは聞いてしまった。

　《Q1》なぜ面会の遅刻やキャンセル、飲酒した後の電話などがあるのだろうか。職員はどのように受け止めればよいだろうか。

　《Q2》Jさんの母親は、Yの対応でどのような気持ちになるだろうか。

　《Q3》「親と子どもを理解し、尊重する」という原則からみて、Jさんへの対応はどんな点にどんな問題があるだろうか。

Q1を考える視点

◇ Jさんの母親は、Jさんが施設にいることについて、ひけめや後ろめたさを感じているかもしれないということを理解しよう。

◇ 「面会に遅れてくる」「直前にキャンセルする」といった母親の行動の裏にある気持ちを考えるようにする。

◇ 「電話してくるときには、いつも飲酒をしていて、いい加減な人である」と思うのではなく、「お酒の力を借りて、やっと電話しているのかもしれない」と理解する。

◇ 「親だったら、〜すべきだ」という建前に職員がこだわらない。

Q2を考える視点

◇母親を叱ったり、安易に励ましたりすると、「自分は親の資格がない」というひけめや「もっとがんばらなくてはいけないのにできていない」という後ろめたさを感じてしまう可能性がある。

◇短くてもよいので、定期的に電話をかけてもらう、Jさんと手紙のやりとりをするなど、母親が現在できることを一緒に探すことが必要である。

◇母親を支援できる社会資源と連携しながら親子関係の調整を進める。

Q3を考える視点

◇母親の生活状況やJさんが入所に至った経緯などを十分理解しながら、職員の価値観を押しつけずに、親と子どもの意思を確認する。

◇職員は、親と子ども各々が本来の力を発揮できるように支援する。

◇どんな状況であっても、Jさんにとって母親は大切な存在であると職員が考えていることを、Jさんに伝えることも重要である。

1．子どもの保護

❖ 「児童の権利に関する条約」（「条約」）における親子についての規定 ⁓⁓⁓⁓⁓⁓⁓⁓⁓

　　・子どもは親のもとで育つことが大切で、親には子育てに関する責任がある
　　　（第18条）。

　　・子どもは親から引き離されない権利をもつ。ただし国は、子どもを虐待や
　　　放置からは保護し、「児童の最善の利益」を守る。そして、国は親も援助
　　　する（第9・19・20条）。

（1）児童相談所の役割

　様々な事情によってうまく関係がもてなくなっている家族に対し、<u>親を援
助することで子どもとの関係を取り戻すことができるようにする</u>のが、社会
的養護の機能でもある。

　児童虐待が発見されたらまず児童相談所、保育所、学校、病院、警察など
が、お互いに連携しながら、在宅で支援できる方法を探す。どうしても十分
な**養育環境**が整わないとき、あるいは子どもに危険が及ぶときは、児童相談
所は、子どもをその家族から分離して保護する。

❖ 入所にかかわる「児童福祉法」の規定 ⁓⁓⁓⁓⁓⁓⁓⁓⁓⁓⁓⁓⁓⁓⁓⁓⁓

　　・児童相談所長は原則2か月間一時保護を行うことができる（第33条）。

　　・さらに長期に保護する場合は、入所措置がとられる（第27条第1項第3号）
　　　※親の意思に反しないことが必要。

　　・「**28条審判**」の根拠
　　　親が虐待などの事実を認めない場合、児童相談所長が家庭裁判所に対し入
　　　所措置の承認を求めることができる（第28条　→「28条審判」の申し立て）。

❖ 「児童福祉法」第28条による入所措置

　　期　　　　間：入所を開始した日から2年間を超えてはならない。

　　再判定の保障：施設入所の適否について、2年後に再判定を行う。

　児童福祉法第28条では2年間という期限が定められているので、入所中に**家族再統合**[*15]を支援する必要性がよりはっきりした。また施設や児童相談所の取り組みを見直し、入所をしていることが本当に子どもにとって適切かどうか、2年後に再判定される機会も確保された。

　児童相談所は子どもを守るために「28条審判」の申し立てを行うが、結果的には2年後の状況がまだ子どもの福祉を害すると判断される場合はもう一度、家庭裁判所の承認によって入所期間を延ばすことができる。児童相談所は、施設入所に反対する親と相対することになりながら、一方では親を支援する立場にもある。この相反する役割をどのように両立させていくかが課題である。

（2）子どもの「最善の利益」

❖子どもはなぜ親から逃れられないか

　　・子どもは虐待されていることを認識できず、訴える力がない。

　　・家を離れること自体に対して、子どもの側に恐れやためらいがある。

　　・親も常に虐待しているのではなく、子どもを非常にかわいがるような行動
　　　に出る場合もある。

　虐待する親であっても、子どもにとって親から離されることは大変な恐怖である。また虐待する親であっても、その親なりに子どもへの愛情を感じている場合がある。そのため、保護する際に親子ともども了解を得るのは難しいことが多い。子どもの希望が「最善の利益」にならない場合もあるので、子どもの発達が保障される生活を最優先に考え、「年齢及び成熟度」に応じて、児童相談所で子どもに丁寧に説明をし、納得を得るようにする。

----

*15　→ ***2**　(p. 146) 参照。

　保育士は上記のような親子の心理や入所前のプロセスを十分理解しながら、入所後の支援を検討する必要がある。

2．親子関係再構築[*16]への支援

（1）家族再統合に向けた支援

　施設にいる子どものうち、経済的な事情や離婚、保護者の病気、収監などによる入所以外では、児童虐待による入所、家族分離が最も多い。児童虐待が起こった家族に対して行う支援として、家族療法がある。虐待された子どものケアだけではなく、親のケアをしないと家族は再統合できない。子どもが施設から家庭に帰っても、再び虐待が繰り返されることとなるからである。

　児童相談所や施設では、カウンセリングや心理療法、ペアレンティングの手法などを取り入れて親に対応したり、子どもの心や家族関係に焦点を合わせて、家族再統合に向けた取り組みを行ったりしている。親へのケアとしては、親自身の人間的回復を目的とするアプローチと、親の行動を変える認知行動療法に基礎を置くアプローチがある。

　具体的なプログラムとしてはサインズ・オブ・セーフティ・アプローチ[*17]の方法が知られている。親の主体性を引き出して親のストレングスに視点を置き、親とともにプランニングするソーシャルワークである。また、親自身の内面に視点を置き、親自身の育ち、トラウマなどに治療的にかかわりながら家族の回復に取り組むプログラムとして、MY TREEペアレンツ・プログラム[*18]などがある。親の日常的な子育てスキルを高めるプログラムとしては、コ

---

*16　「社会的養護関係施設における親子関係再構築支援ガイドライン」（厚生労働省、2014年）では、親子関係再構築を「子どもと親がその相互の肯定的なつながりを主体的に回復すること」（p.6）と定義している。

*17　1990年代に西オーストラリアで開発された児童虐待に対応する実践者向けのプログラム。菱川愛ほか編著『子ども虐待対応におけるサインズ・オブ・セーフティ・アプローチ実践ガイド──子どもの安全を家族とつくる道すじ』明石書店、2017年

*18　親の人間的回復を目的とするプログラムでは、親自身が人として大切にされてこなかったことに焦点を合わせ、親の心理や成育歴をたどり、児童虐待に至る課題を解決する。

モンセンス・ペアレンティング（CSP）[19]などがある。しかし、困難な事例も多く、高度な技術を必要とする心理治療プログラムや治療的デイケアなどは児童心理治療施設での実施に限られているのが現状である。児童心理治療施設では、家族療法事業として、親子相談室、心理治療室、宿泊治療室等の設備を設け、児童とその家族に対し、面接治療、宿泊治療、親子レクリエーション、家族訪問治療などを行う。

　2016年児童福祉法等の一部改正では、「被虐待児の自立支援」策の一つとして、施設、里親、市町村、児童相談所などの関係機関等が連携して**親子関係再構築支援**を行うことが明確化された。措置解除時に児童相談所または委託したNPO法人等が助言・カウンセリングを行ったり、措置解除後の一定期間、児童相談所が地域の関係機関と連携し定期的な安全確認や保護者への相談・支援等を実施したりする[20]。2022年児童福祉法改正においては、都道府県等・児童相談所による支援の強化策として**親子再統合支援事業**が新たに規定され、「親子関係再構築支援全体を適切に行えるよう、支援メニューの充実や支援体制の強化を図るための新たな補助」[21]が定められた。

　なお市町村における子育て家庭への支援の充実を図るために、同改正において**親子関係形成支援事業**（親子関係の構築に向けた支援）が新設された。要支援児童、要保護児童及びその保護者、特定妊婦等を対象とする。

（2）家庭支援・家族関係再構築にかかわる施設の設備

　施設には親やきょうだいとの関係をつなぐための設備がある。その一例をみていこう。

①家族交流室

児童養護施設などにある家族用の居室。子どもの面会時に親子で過ごした

＊19　親の行動を変える認知行動療法に基礎を置くプログラムでは、暴力によらない、しつけの効果的スキルを身につけることにより、子どもへの体罰をなくしていく。
＊20　厚生労働省「親子関係再構築支援実践ガイドブック」、2017年など参照。
＊21　こども家庭庁「児童福祉法等の一部を改正する法律の施行に向けた検討状況（令和5年9月15日都道府県等説明会）」、2023年、p.55

り、子どもと一緒に泊まりながら、家族関係を修復したり確認したりする。その間に、子どもの気持ちに職員が応答的にかかわり、世話をする様子を親に見せることで、養育モデルを提供し、親が自分の行動を自覚しコントロールができるように支援する。

②家族支援棟

　児童自立支援施設などにある家庭支援のための施設である。ここでは、家庭支援専門相談員が家族支援プログラムを実施している。家族支援棟は一軒の家のような構造になっており、炊事や洗濯をしたり、家族でテレビを見たり食事をしたりという家族団らんもできるようになっている。家族が入所児童とともに宿泊し、家庭支援専門相談員の支援を受けつつ家族関係を調整する。宿泊の際には、親子で炊事をしたり、食事をしたりする中で退所後の生活に向けて家族の関係を結び直すようにする。

③親子支援室

　乳児院などにある、子どもに家族が面会する居室。面会する家族は、この親子支援室で子どもとともに過ごしたり、職員に子どもの様子を聞いたり、子どもとのかかわり方を聞いたりしながら、子どもと穏やかに楽しく過ごせるような関係づくりを試行する。

　施設のこれらの設備は入所している家族関係を再構築して、子どもの家庭復帰を実現することを目指している。

学びの
ヒント

新しい社会的養育ビジョン

　児童の権利に関する条約[22]では、家庭で暮らせない子どもの暮らす場が里親や家庭同様の環境であることを求めている。施設は、その子どもの居場所が本当に施設であることが必要な場合に限定している。わが国もこの方向性に沿って社会的養護を進めている。

　2017年8月に厚生労働省の「新たな社会的養育の在り方に関する検討会」が示した「新しい社会的養育ビジョン」では、「社会的養護の課題と将来像」の見直しの必要性を述べている。児童福祉施設を個室化、小規模化、ユニット化するだけでは不十分であり、自分の家庭でなくても、家庭で子どもが暮らせるようにする永続的な解決を図る方向性を示し、以下の順番で子どもの生活の場を提供するとしている。

　①家庭復帰
　②親族・知人による養育（親族里親、親族・知人による養育里親、里親制
　　度に基づかない親族・知人による養育、親族・知人による養子縁組）
　③特別養子縁組
　④普通養子縁組
　⑤長期里親・ファミリーホーム
　⑥施設養護

具体的な対応としては、以下の内容が示されている。

・おおむね5年以内に、年間1000人以上の特別養子縁組成立（平成29年
　度の約2倍）を目指す。
・就学前の子どもは、原則として施設への新規措置入所を停止する。
・3歳未満児についてはおおむね5年以内に、それ以外の就学前の子ど
　もについてはおおむね7年以内に里親委託率75％以上を実現する。
・学童期以降はおおむね10年以内を目途に里親委託率50％以上を実現す
　る（平成27年度末の里親委託率〔全年齢〕17.5％）。

（3）施設における親子関係回復の留意点

❖支援する場合に、職員がしてはいけないこと

- ・親に対して怒りや非難の気持ちをもつこと。
- ・「大変な子どもを、親に代わって育て直してあげよう」と考えること。

　子どもに接するときと同様、親に対しても、一個人として尊重する気持ち
をもち、子どもが施設入所に至った親子の事情を理解して支援することが必
要である。

❖親との交流

- ・「児童虐待の防止等に関する法律」第12条
　　子どもの保護の観点から親との面会、通信を制限することができる。
- ・帰宅時には重大な危険が生じる場合もあるので、保護者の生活状況、子ど
　　もの意向などに十分気をつける。

　入所後の親との交流のあり方によっては、入所してからも子どもが親の影
響下にあり本音を語れない場合もあるので、保育士は子どもの生活全体の様
子を注意深くみながら、気持ちを聞き取るようにする。

　帰宅時に、以前と同じような虐待が行われることもあるので児童相談所と
もよく連携をとって、子どもの安全が図られるようにする。

＊22　第20条
　　1　一時的若しくは恒久的にその家庭環境を奪われた児童又は児童自身の最善の利益
　　　にかんがみその家庭環境にとどまることが認められない児童は、国が与える特別の
　　　保護及び援助を受ける権利を有する。
　　2　締約国は、自国の国内法に従い、1の児童のための代替的な監護を確保する。
　　3　2の監護には、特に、里親委託、イスラム法のカファーラ、養子縁組又は必要な
　　　場合には児童の監護のための適当な施設への収容を含むことができる。解決策の検
　　　討に当たっては、児童の養育において継続性が望ましいこと並びに児童の種族的、
　　　宗教的、文化的及び言語的な背景について、十分な考慮を払うものとする。

§2　児童相談所との連携

1．児童相談所の家族支援

　児童相談所と施設は**自立支援計画**（🔖第1章Ⅰ§3〔p.33-〕）にしたがって、役割分担して子どもと家族を支援する。

❖ 「児童虐待の防止等に関する法律」第11条

- ・親には、児童相談所の指導を受ける義務がある。
- ・親が指導を受けないときは、都道府県知事が指導を受けるよう勧告することができる。

❖児童相談所による家族と子どもへの働きかけ

- ・グループ心理療法や親子遊び訓練、カウンセリングなど「家族統合プログラム」を行う。
- ・施設にいる子どもについて、自立支援計画を、施設とともに検討する。
- ・子どもの定期的な心理判定や、**児童福祉司**の面接、医学診断などを行う。

　家族統合プログラムは、子どもが施設に入所していても利用でき、引き取りに向け親子で一緒にプログラムに参加することもある。その過程で、親が自分自身の育ち方を振り返り、子育ての新しい方法を身につけられるよう支援する。

　親自身も不遇な生育歴をもっていることがあり、解決には時間を要することが多い。2016（平成28）年の児童福祉法等の改正に基づいて児童相談所から直接接触することだけでなく、地域の保健所、医療機関、保育所、学校関係者などと連携して対応することになっている。

2．家庭支援専門相談員の業務

　家庭支援専門相談員（ファミリーソーシャルワーカー）は、1999年度から乳児院、2004年度からは児童養護施設、児童自立支援施設（参照 第2章Ⅱ§4‐1.〔p. 114‐〕）、情緒障害児短期治療施設（現・児童心理治療施設 参照 第2章Ⅱ§4‐3.〔p. 121‐〕）にも配置されている。家庭支援専門相談員は、入所前からアフターケア（退所後の生活支援 参照 Ⅲ§2‐3.〔p. 218‐〕）に至るまで、子どものケアについて家族への支援や親との連絡調整を行う職種である。支援の際は全体を見通して、児童相談所や各関係機関とも連携を保ちつつ以下のことなどを行う。

❖ 施設内で

- ・入所前の施設見学
- ・自立支援計画作成への助言
- ・子どもが通学する学校との連絡調整
- ・保護者の訪問や生活問題に関する支援、及び早期家庭復帰のための業務
- ・退所してからの職場訪問や相談受付

❖ 施設外で

- ・里親委託（参照 第2章Ⅱ§6〔p. 131‐〕）や養育里親における養子縁組推進
- ・地域の子育て家庭に対する**育児不安**解消のための相談・支援など
- ・状況把握や情報交換のための**要保護児童対策地域協議会**への参加
- ・**アウトリーチ**（支援者が地域に出かける支援）の取り組み

　家庭支援専門相談員は、近年増加している家庭環境上の理由で入所した子どもたちの早期家庭復帰を目指すために配置が拡充された。しかし単に家庭に帰すことだけが目標ではなく、常に子どもの利益に照らした慎重な対応が必要である。地域の社会資源の開拓なども含め業務量が多い中、現在は施設定員30名以上の場合に1名配置である。

§3　家庭機能の回復

1．家庭機能回復への支援

　社会的養護が必要になる要因は、家庭が十分に役割を果たせていないことがほとんどである。社会的養護の場では、家庭の機能を施設で発揮するとともに、子どもが家庭に帰れるように家庭機能の回復を支援する。家庭機能のうち何か一部がうまくいかない場合に、すべての機能にひずみが出る。一方で、特定のひずみへのアプローチによって全体がうまく回り始めることがある。家庭支援の機能の回復への支援について、機能ごとに確認していこう。

（1）家庭の養育機能の回復への支援

　養育機能は、家庭が子どもの生活の場として成り立つための根本的な条件である。家庭における養育とは、子どもの世話をして心身の成長を促すことである。幼少期のうちは、家庭のなかで子どもの食事の用意をしたり、子どもを入浴させたり、掃除や洗濯で清潔を保ったりして、子どもが育つ生活環境を整えることを含む。子どもが家族からのケアを受けながら、朝起きてから夜寝るまで安心して生活できることが求められる。そのように家庭内で養育される経験を通して、人間や社会への愛情や信頼感が育っていく。

　決まった時間に食事をとること、朝起きて、夜寝ることなど、当たり前と思われる生活リズムを整えて暮らすことが難しい家庭で育った子どもも、施設では珍しくない。それは子どものせいではなく、親の生活から影響を受けている。

　施設では、親が養育機能を身につけられるように、子育てを一緒にしていく姿勢で親とかかわる。親の生活基盤の安定に向けた支援や、孤立状態を緩和する支援とともに、親の心理ケアなども必要である。児童相談所など関係

機関との協力や役割分担が求められる。その連携のなかで、施設は親に対して居場所を提供し、親が安心して子どもとかかわれるように支援する。

　また、親が子どもを迎える準備として、子どもが施設から戻ったときに、家庭で子どもの衣食住を適切に提供し、子どもにふさわしい生活リズムで日常を送れるように、親の理解を促したり知識を補ったりすることが必要である。そのために、子どもを適切に養育できなかった理由を見極めることも求められる。家計運営の知識や技術が足りないのか、家庭生活についての経験が不足しているのか、家事が苦手なのか、経済的な事情か、など多岐にわたる親の状況を個別にアセスメント（🔖第1章Ⅰ§3-1.(2)〔p.33-〕）して支援する。

　一方、子どもが、健康的な生活とはどのようなことなのかを施設で知り、生活リズムを身につけて家庭復帰することが、親子の生活を整えるきっかけになることもある。子どもが施設職員から言われて行動するのではなく、自ら生活を整えられるように施設での養育を組み立てることが求められる。そのような取り組みにより、家庭に帰って、親の養育力の回復に時間を要する状況下にあっても、子どもは自分の生活を保つことができる。

（2）家庭の保護機能の回復への支援

　家庭の**保護機能**とは、社会にある危険から子どもを物理的・肉体的、精神的に保護することである。

　物理的・肉体的な保護とは、安全を確保する空間、つまり家という居場所、隠れ場所、避難場所があるということが基本になる。また、家庭には子どもを精神的に保護する役割がある。家庭では、子どもが自分をさらけ出しても、親はあるがままに子どもを受け止める。このことにより、子どもは自己肯定感を身につけていく。子どもは家に帰れば保護されることがわかっているので、家庭の外で自分なりの冒険ができる。その小さな冒険を通じて子どもは自分自身を試し、成長していくことができる。

　このような保護機能が働かない家庭で児童虐待などが発生する。保護機能

が働かない家庭では物理的・肉体的、精神的な保護が受けられず、家庭は子どもの心身にとって危険な場となる。そのような家庭では、子どもは、体を傷つけられるだけではなく、自己肯定感や子ども時代に必要な経験、心身の成長につながる支えを得ることができない。

保護機能の回復に向けて支援するために、親も子どもも安心して自分の思いを出せる機会を施設で設定し、職員が親と子どもの代弁者として相互の思いを伝えたり、一緒に楽しく過ごせる場面をつくったりする。さらに、交流のなかで親子関係の課題を見極め、受け止めながら、その課題がどこにあるのかを明らかにして親子関係を調整する。

保護機能が働かない家庭に対しては、入所中は家庭支援専門相談員が児童相談所と協働して家族再統合に向けて家族に働きかける（後述）。支援を丁寧に行っていても、家庭復帰後に新しい生活への適応がうまくいかず、トラブルが発生することがある。子どもが家庭に戻ったときに、親に甘えたい気持ちが強く、親がそれを受け止めきれないこともある。家庭復帰後に生じる可能性がある事柄を事前に親に伝えておき、施設職員がどのように支援できるか説明をしたり、アフターケアの一環としてショートステイやトワイライトステイの情報（参照第4章Ⅰ§2-1.(3)〔p.236〕）を伝えたりするなど、困ったときに支援を受ける方法と場所を確認しておくことも重要である。

（3）家庭の休息機能の回復への支援

家庭における**休息機能**とは、何もせず心と体を休ませることである。この休息を通じて「明日もがんばろう」という意欲が生まれる。

現代社会は競争的である。家の外で他人と比べられたり、劣等感をもったりするなど、幼少期からストレスを感じる子どもも少なくない。休息できる家庭があることにより、子どもは心のバランスをとるのである。家庭に休息機能がなく、家族とともにゆっくりと休むことができない場合、子どもは心身ともに疲れきったり、攻撃的になったりすることがある。家庭が子どもの休息の場となるように、家庭支援専門相談員が入所中から保護者の相談に応

じて、休息機能の大切さについて伝えていくことが求められる。

（4）家庭の生活文化伝承機能の回復への支援

　家庭における**生活文化伝承**とは、子どもがやがて社会に巣立つときのために、その国や地域の生活習慣やモラル、一般常識、伝統行事、習わし、人とのつきあい方や礼儀、さらには人としての生き方などを伝え、その社会の行動様式を身につけることで、他者と適切なかかわりができるように子どもを育てることである。

　子どもが社会人として回復するには、生活文化を身につけることが必要である。しかし、施設で暮らしている子どもは、家族とのかかわりを通じて生活文化を身につける機会が少なかったかもしれない。生活文化のすべてが家庭内の日常生活のなかで自然に伝えられるものではない。地域や学校が担うものもある。自分の家を訪ねてきた近所の人とふれあったり、地域のなかで遊んだりすることにより、様々な人とのかかわりを経験し、子どもは多様な生活文化を知る。そのような機会も、地域から孤立した家庭では得られない場合がある。これを補うために、施設の行事への参加、ボランティアによる活動や教育・福祉などの行政サービスを利用する機会を提供する必要がある。

　入所中は、親に広報誌などを送付して、乳児院ならお食い初めやお宮参り、児童養護施設なら七五三、誕生日、入学式、卒業式など、子どもの成長の節目に行われるお祝い行事の様子を写真などで知らせたり、親を招いて一緒に参加する機会をつくったりすることもよいであろう。

（5）家庭の生命倫理観醸成機能の回復への支援

　生命倫理観醸成とは、生命観、自然観、倫理観など絶対性のある道義、人が人として在るために守らなければならない、理屈を超えた大切なことである。生活のなかで身につけていく命に対する尊敬や、自然への愛情や畏怖、人に対する正直さや誠実さなどの心の教育がこれにあたる。

　心の教育といえる生命倫理観は、理屈抜きに守るべきこととして家庭のな

かで受け継がれてきていた。家庭で生命倫理観が醸成されていない場合、子どもは反社会的な行為を悪いことと認識できない場合がある。その場合は施設が親と一緒に子どもの行動について考えたり、子どもや親と一緒に行動したりするなかで、足りなかったことを補っていく必要がある。施設職員が子どもとともに暮らす日々のなかで価値観や生命観を伝え、親にも示していくのである。子どもの生命倫理観の状態に親が気づくプロセスを支援するとともに、どのようにしてこれから子どもにかかわっていけばよいのか、親の話を聴いたり、その行動を見たりしながら、思いに寄り添うことも求められている。

2．虐待の世代間連鎖

　親子の支援においては「**虐待の世代間連鎖**」が問題になることが多い。これは、虐待を受けた子どもは適切な育児を学習することができなかったために、親になった場合に虐待を生じさせてしまうという知見である。すべての被虐待児が虐待をする親になるわけではないが、そのリスクは2～3割高くなるとされている。[23]

　虐待が子どもに様々なダメージを与えることは事実だが、一方でその影響を克服し虐待の世代間連鎖を断ち切る条件も見出されている。例えば、子ども期に親に代わる愛情とサポートの提供者がいたこと、情緒的サポートの提供者としてのパートナーがいること、または心理療法等を通して、他者や自分に関する認知の枠組み等を修正できたことなどがあげられている。[24]

＊23　滝川一廣『子どものための精神医学』医学書院、2017年、pp.319-320
＊24　久保田まり「児童虐待における世代間連鎖の問題と援助的介入の方略」『季刊社会保障研究』45（4）、2010年、p.376

❖虐待した親への支援

・親自身の辛さや無力感などに共感し、また親の生育歴を理解し、親ができることに焦点を合わせる。

・保育士は「親が子育てに失敗した」「あの親だったら、仕方ない」「問題のある子どもをうまく扱って育て直してあげるのだ」というような考え方をもたないようにする。

・子どもが成長するにつれて、「親にも事情があったのだ」と考えられるように支援する。

3．「親権」と「子どもの人権」

　親権とは民法（第818～837条）に規定される、親が未成年の子どもに対してもつ「権利と義務」のことである。

　深刻な虐待事案の際は、まず児童相談所による在宅指導、一時保護、施設入所、28条審判などを検討する。それでも子どもを守れないときには、親権喪失宣告の申し立て（児童福祉法第33条の7）となる。民法第834条において「父又は母による虐待又は悪意の遺棄があるときその他父又は母による親権の行使が著しく困難又は不適当であることにより子の利益を著しく害するときは、家庭裁判所は、（中略）親権喪失の審判をすることができる」としている。**親権喪失**は親子にとって重大な事柄であり、その後の家族再統合への見通しが立てにくくなるなどの大きな課題があった。そのような事情を受け、虐待防止を図り子どもの権利利益を擁護するため2011年に民法が一部改正され**親権停止**制度が新設された。

　「児童虐待の防止等に関する法律」第14条・15条では、それぞれ親権が行使される場合の注意事項、及び親権喪失の制度が子どもの保護の観点から適切に運用されなければならないことを定めている。

　2022年の民法一部改正においては、親権者による「**懲戒権**」の規定が削除

され、「子どもの権利の尊重」として第821条において「親権を行う者は、前条の規定による監護及び教育をするに当たっては、子の人格を尊重するとともに、その年齢及び発達の程度に配慮しなければならず、かつ、体罰その他の子の心身の健全な発達に有害な影響を及ぼす言動をしてはならない」とされた。

❖*親権とは*

- ・子どもに対する親の義務を、他人に妨げられずに果たす「権利」であり、子どもの利益の実現のためのものである。
- ・親権の内容は、民法規定（第820～824条）では、「監護・教育」「子の人格の尊重」「居所の指定」「職業の許可」「財産管理」である。
- ・「懲戒権」については、「『懲らしめる』という発想自体を、『子どもの人権』という視点から見直すべきである」「虐待行為を正当化する口実となっている」などの長年の議論があり、今回の改正となった。

Column

親権制度の見直しに関する民法・児童福祉法改正
――親権停止制度の創設など――

2011年民法改正（民法等の一部を改正する法律〔法律第61号〕）により、親権停止制度が創設された。父母による「親権の行使が困難又は不適当であることにより子の利益を害するとき」、家庭裁判所が2年以内で期間を定めて親権停止の審判をすることができる（第834条の2）。従来、親権の制限には「親権喪失制度」しかなく、親子の断絶につながりかねないため虐待防止の手段としては用いられにくかった。親権停止制度では期間が制限されているため、親に関する諸状況が改善された後、再び親子で生活することも視野に入れた支援が可能となった。また親権喪失制度においては、要件が父母が「親権を濫用し、又は著しく不行跡であるとき」（第834条）から、父母による「虐待又は悪意の遺棄があるとき」「親権の行使が著しく困難又は不適当であることにより子の利益を著しく害するとき」と、子どもの福祉を第一とする視点で改められた。親権停止及び喪失等の申し立ては親族や検察官、児童相談所長らのほか、子ども本人もできる。未成年後見については、複数の個人や法人も選任できるようになった。

親権内容も修正され、監護・教育権（第820条）については「子の利益のため」と規定された。併せて、児童福祉法の改正においては児童福祉施設長や児童相談所長の権限が強化された。里親などに委託中の子どもに親権者がいない場合は児童相談所長が親権を代行する（第47条第2項）。また施設長等が子どもの監護・教育などについて、「児童の生命又は身体の安全を確保するため緊急の必要があると認めるときは、その親権を行う者又は未成年後見人の意に反しても、これをとることができる」とされ、親権者は不当な主張をしてはならないことも規定された。ただし、都道府県や市町村長等に速やかに報告しなければならない（第47条第4・5項）。

子どもに苦痛を与えて懲らしめるという発想が背後にあった「懲戒」という語は、民法及び児童福祉法、児童虐待防止法に存在していたが、2022年改正で削除された。子どもの人格の尊重等が明記され、「条約」の精神を、社会の中でさらに共有し具体化していくことが求められる。

家族関係が難しい被虐待児の事例

　Kくんは小学4年生。父親からの身体的虐待だけでなく放任もあり食事をしていなかったり、冬でも「服がない」と震えながら半袖を着たりしている。父親の暴力はかなりひどかったが、父親は「俺の子どもだし、それなりに大切にしている」と主張する。本人は、一時保護所での「ご飯がちゃんと食べられる」という説明で、施設に入ることに同意していた。

　入所して2か月くらいたち、だいぶ施設になじんできたと思われた頃、Kくんは激しいいたずらをするようになった。そしてある日、職員Dに「やっぱり家に帰りたい」と言いだした。

　「とんでもないことを言わないで。お父さんはKくんを叩くんでしょ。Kくんのことみられないんだから。ここにいた方がKくんのためだよ」とDが言うと、「だって、ここは面白くないんだもん。家ではお小遣いは結構あったから、駄菓子屋とかによく行けていたんだ」と答えた。

　「児童相談所の福祉司さんに相談してみるね。でも、Kくんは家で相当悪いこともしていたみたいだね。だからお父さんに叱られてたんでしょ。直してから帰った方がいいよ」とDは答えた。

　《Q1》Kくんに対し、施設入所についてどのような説明ができるか。

　《Q2》Dの返答についてどう考えるか。

　《Q3》Kくんが納得して生活するためにはどのような支援が必要だろうか。

親子関係の調整

Q1

◇入所の説明にあたって、「親が悪いから」「子どもが問題を起こしているから」というように、誰かを原因にして説明しないようにする。

◇子どもの安全をまず一番大切にしたいことを、わかりやすく伝える。

◇時間をかけて子どもの希望について聞き取り、実現可能なこととそうでないことについて、説明をする。

◇施設の様子をわかりやすく説明し、質問を受ける。できるならば施設見学や職員との面会を行う。

Q2

◇「子どもの言うことを尊重している」ということが第一に子どもに伝わるようにする（「～と感じているんだね」「どうしてあなたは～と思っているの？」など、子どもの気持ちに焦点を合わせた会話にする）。

◇職員は、自分の価値観や意見を一方的断定的に伝えるのではなく、常に子どもと一緒に考えていく。

◇子どもが「自分が悪かったから施設に入れられたのではないか」と思うような発言はどんな場合でもしてはいけない。

Q3

◇家庭と施設での生活、それぞれについて、時間をかけて一緒に考える。どんなところが家では良かったのか、施設は面白くないという気持ちがなぜ出てきているのか聞き取り、解決できる方法を一緒に探してみる。

◇児童福祉司や家庭支援専門相談員に家族の状況を説明してもらい、どこで暮らすことがKくんの利益になるかを一緒に考えてもらう。

Ⅲ 社会的養護にかかわる 相談援助の 知識・技術とその実践

§1　相談援助の技術の活用

　施設では、「家族のように暮らせばよい」と思われがちである。しかし、施設保育士は専門職であるから、お母さんやお父さん代わり、お姉さんやお兄さん代わり、ではなく専門性に基づいて子どもを養護する必要がある。

　近年増えてきたグループホームや小規模グループケア（ ➡ 第4章Ⅰ§1 〔p.226-〕）においては、大きな集団の中では表現されなかった子どもの気持ちが、いわゆる問題行動になって現れることがある。このため、特にグループホームや小規模グループケアでの養護には、高い専門性が必要になる。

施設における専門的技術の活用について考えよう

　この施設では、家庭で育つ発達障害のある子どものための療育プログラムを実施している。ここに参加するのは、**インクルーシブ保育**で地域の保育所や幼稚園に通っている子どもたちがほとんどである。そして、子どもたちの療育プログラムの待ち時間には、親の会[*25]を開いている。

　ある日のことである。自閉症児Nくんの母親から「幼稚園でNに関して、『クラスにわがままな子がいて迷惑している』という保護者の噂話を耳にしました。それ以来、登園するのさえ辛い気持ちになることがあります。担任の先生もNについて理解してくれているようにはとても思えません」という悩みが打ち明けられた。ほかの親たちも、うなずいている。担当者の職員Sには、何ができるだろうか。

　《Q1》この母親の言葉についてあなたはどう感じただろうか？

　《Q2》あなたが職員SだったらNくんの母親の言葉の後で、どのようなことに注意しながら、何を、誰に向かって話すだろうか？

　《Q3》今後、職員Sやこの施設にできることは何であろうか？

---

*25　悩みを抱えがちで地域には同じような立場の親が少ない障害児の親のために、悩みを話し合ったり、情報交換したり、自主活動をしたりする親の会をつくって親をエンパワーメント〔empowerment〕（→第1章Ⅰ§1-2.（1）〔p.15〕参照）している施設は多い。このような活動を当事者活動という。

Q1を考える視点

◇ここで気持ちを打ち明けたこの母親の辛い気持ちをそのまま受け止めよう。

◇幼稚園のほかの親を非難しないでいよう。

Q2を考える視点

◇うなずいている人たちには、同じような経験があるのかもしれない。聞いてみよう。

◇このようなことを解決した経験がある親はいないだろうか、聞いてみよう。

Q3を考える視点

◇Nくんについて、幼稚園のほかの親たちには理解されていないようだが、それを解決する方法には何があるだろうか。

◇施設には、障害に関して幼稚園の親たちに説明できる人材がいる。その人たちを生かせないだろうか。

1．個別援助技術の活用

（1）施設養護と個別援助技術

　発達障害の子ども、被虐待児、知的障害児、肢体不自由児とそれぞれに状況は異なり、家族が置かれている環境もまちまちであるが、社会福祉の専門職である保育士には共通して使える理論がある。その中で、個々の子どもや家族の福祉課題に対応するときには**個別援助技術**（ケースワーク）が役立つ。

　そして、子どもや家族と向き合うときは個別的な支援関係を形成するための基本事項として、**バイステック**の原則[*26]を心にとめよう。

❖バイステックの原則

　　①個別化の原則：子どもや家族をたった一人の大切な人として捉える。

　　②意図的な感情表出の原則：子どもや家族が感情を表現しやすいようにする。

　　③統制された情緒関与の原則：支援者は自分の感情を自覚する。

　　④受容の原則：子どもや家族の現状をそのまま受け容れる。

　　⑤非審判態度の原則：子どもや家族を道徳的な基準で判断しない。

　　⑥自己決定の原則：子どもや家族の自己決定を支援し、尊重する。

　　⑦秘密保持の原則：子どもや家族から聞いたことを他言しない。

（2）個別援助技術のプロセス

　個別援助技術の基本的な考え方は、課題を解決するのは本人であり、自分で解決する力をつけていくための支援をするということである。そのためのプロセスは、次のとおりである。

[*26]〔Felix Paul Biestek, 1912〜1994〕アメリカでキリスト教に立脚したケースワークを展開した。利用者の求めるもの、それに応える支援者の応答、支援者の応答に応える利用者の変化という相互関係を示し、1957年にケースワークにおいて信頼関係を結ぶための7原則を掲げた。

①インテーク（受理・契約）

　子どもや家族と出会い、支援関係を築く。

②アセスメント（事前評価 📖第1章Ⅰ§3‐1.（2）〔p. 33-〕）

　情報を集め、整理して子どもや家族を理解する。

③プランニング（支援計画づくり）

　アセスメントを生かした支援計画を作成する。

④インターベンション（介入）

　子どもや家族が課題解決する力をつけるように、具体的に働きかける。

⑤エバリュエーション（事後評価）

　終結に向けて現状を評価する。

⑥モニタリングとフォローアップ

　その後の様子を観察し、必要な支援をする。

　ケースワークの知識は施設ケアの個別支援プロセス（📖§2〔p. 198-〕）の基本になる。

- インテークはアドミッションケア（入所時の支援 📖§2‐1.〔p. 201-〕）において行われる。子どもや家族を受容することから支援が始まる。
- アセスメントとプランニングは自立支援計画づくりにあたる。施設などでは、**ケース会議**（援助方針決定会議）を開いて検討する。個別援助技術においては中間評価を常に行いながら、アセスメントし直し、プランの微調整や、書き換えを柔軟に行う。
- インターベンションの考え方は、インケア（基本的日常生活支援 📖§2‐1.〔p. 201-〕）とリービングケア（地域や家庭への移行支援 📖§2‐2.〔p. 214-〕）の場面で役立つ。子どもや家族の個別的な背景や状態に合わせて支援していく。
- エバリュエーションは、措置解除や帰宅、自立に向けた評価の際行われる。
- モニタリングとフォローアップは、アフターケアにあたる。

　このように、個別援助技術を施設現場で役立てながら養護していくことが求められる。

2．施設養護と集団援助技術

（1）当事者グループとしての子ども（親）集団

　同じ施設を利用している子どもたちやその家族は互いに共感し合える環境にいるといえる。**当事者**同士として互いに支え合える集団を形成していくことも、施設保育士の役割である。当事者同士が適切にかかわり合えれば、その関係を通じて、助け合い、それぞれが互いの力を引きだしていくことができるようになるであろう。同じようなメンバーでつくられる集団を**ピアグループ**といい、その仲間が共通の課題解決に向けて助け合う活動を**当事者活動**、または**セルフヘルプ**活動という。

❖集団形成する際のポイント

- ・どのようなメンバーで構成するのか考える。
- ・メンバーの共通課題を確認し、支援目標をイメージする。
- ・メンバーの性格や背景などを把握する。
- ・グループワーク論を活用する。

（2）グループワークのプロセス

　施設で保育士が行う**グループワーク**（集団援助技術）は、グループメンバー相互の関係やグループと社会の関係に視点を置く**相互作用アプローチ**が適当であろう。社会不適応に取り組む**予防的・リハビリテーションアプロー チ**は心理や医療分野の専門職が扱うことが多い。

　グループワークは、複数の人がともに活動（生活）する場や機会を活用し

て、個人とグループの発達を促すためのソーシャルワーク (参照 p. 30「学びのヒント」) の技術である。特に施設は子どもが一緒に生活する場であるから、グループワーク論を活用して支援するという意識が必要である。

相互作用アプローチのグループワークのプロセスを確認しよう。

①準備期：グループをつくる用意をする時期である。メンバー個人を把握し、その人にとってどのようなグループワークが適切か考えながらグルーピングをする。

②開始期：グループ活動を始める時期である。雰囲気づくりやグループの目的・条件の確認をして、グループの基盤をつくる。

③発展期：グループ活動が盛り上がる時期である。メンバーが親しくなり、いろいろな活動の提案が出たりする。この時期にリーダーの役割をする人が現れる。リーダーに対してメンバーの支持が得られたら、保育士はリーダーを通じて側面から支援する。この時期にできるサブグループ（集団内の小グループ）にも着目する必要がある。

④成熟期：集団の動きが軌道にのり、自主的な雰囲気が生まれる。保育士は情報提供をしたり、個別的な支援が必要なメンバーがいないか観察したりする。グループの中での発言や行動から、子どもの本音や本当の姿が見えるときがある。

⑤終結期：グループ活動への保育士の支援が終了する。終わった後の生活について個々のメンバーと話し合うことが必要である。必要ならまた新しいグループをつくる計画をする。

メンバーが幼児であるなど、集団を自分たちだけで維持・運営できない場合は、保育士がリーダー役をする。しかしその場合も、メンバーが自分の力をみなの中で発揮する（リーダーシップをとる）機会を意識的につくり、自己肯定感をもつように支援する配慮が必要である。

グループワークでは集団活動の活性化ではなく、集団活動の活性化を通じた個人の成長発達が中心課題となる。その成果を高めるため、そしてその結

果として、グループの発展がある。

❖グループワークのもとになった活動は……

　・学生や知識人が貧民街に移り住んで地域の改善や相互学習をしたセツルメ
　　ント活動
　・YMCAの青年活動

　グループワークは単にグループで行う活動を意味するのではなく、個人が
グループを通じて社会の中での自分に気づいたり、社会変化のために集団の
力を生かしたりする取り組みであり、専門的プロセスがある。

（3）グループホームにおける子ども集団

　同じグループホーム内に、虐待による愛着障害や心の傷をもつ子どもが複
数いる場合は、集団内で発生する可能性がある課題を予想し、子ども集団の
様子と個々の子どもの状態を十分に把握する必要がある。それができないと、
個々の子どもが我慢している状態や集団全体が荒れた状態になってしまうこ
とがある。

❖グループホームの小集団で起こりがちな問題

　・虐待を受けた子ども間で身体的暴力、いじめや性的問題が起こることがある。
　・低年齢児や力関係で弱い子どもが被害を受けることがある。
　・職員の目が届きにくいところで問題が発生しやすい。
　・狭い空間であり、逃げる場がない。

§2　入所から退所後に至る支援と基本的日常生活支援

　養護の具体的方法は、下図の流れに沿って実践される。まず、施設への受け入れをスムーズに進める入所時の支援（**アドミッションケア**）、施設内での基本的日常生活支援（**インケア**）、施設から地域や家庭への移行支援（**リービングケア**）、そして施設退所後の生活支援（**アフターケア**）というプロセスをたどる。

図1　施設養護の流れ

アドミッションケア

・「一人の人」として尊重
・安心感のある環境
・一貫した支援体制

インケア

・基本的日常生活支援
・生活文化と生活力の習得
・心の傷を癒したり、心を育むための援助
・親子関係の調整
・学校、地域との関係調整

リービングケア

・施設を離れ、社会に出るための準備にかかわる支援

退所

アフターケア

・退所した者に対する相談、その他の自立のための援助

出所：筆者作成

アドミッションケアについて考えよう

　新人職員Bは、初めて入所の受け入れを行うことになった。児童相談所からは、ネグレクトで入所する6歳のDちゃんの「児童票」が送付された。保護の経緯や心身の状況のほか、一時保護所での様子についても詳細な記述がある。Dちゃんは緊急一時保護のため自分の衣類は着ている一組だけしか持っていないとの情報もあった。

　主任からは、「必ずDちゃんと一緒に、洋服のほか必要なものを買いに行ってください」と念を押された。入所当日は、玄関に必ずDちゃんの足のサイズに合ったスリッパを用意しておくようにとの指示もあった。

　Dちゃんの衣類は古くなっておりサイズも窮屈そうだ。主任からは、衣類をどのように扱いたいかDちゃんの意思を確認するようにとの話があった。Bは「家ではつらいことも多かったと思うから、過去を思い出させるようなものは処分してあげたほうがいいのでは？」「心機一転という言葉もあるし、施設で全く新しい気持ちで生活を始めてもらいたいのに」と疑問に思った。

　《Q1》主任からの指示は、どのような配慮を目的としたものだろうか。
　　　　買い物をするときは、あなたが職員Bの立場だったら、どのような点に気をつけるだろうか。

　《Q2》職員Bの気持ちについて、あなたはどう思うか。主任はどう答えるだろうか。

Q1を考える視点

◇生活の中で「一人の人」として大人から何かをしてもらうことを通じて安心を
　第一に感じられるようにする。

◇職員の仕事の効率や考え方ではなく、子どもの気持ち、子どもの利益を優先し
　て対応する。

◇Dちゃん自身が、自分で選んで必要なものを買えるようにする。

◇最初の関係づくりの場として、Dちゃんとゆっくり個別に一緒に過ごす時間を
　設定する。

Q2を考える視点

◇緊急一時保護をされたDちゃんの今までの生活に対する気持ちや、突然施設に
　入ることになった不安などに配慮して対応する。

◇Dちゃんにとって、自分が着ていた衣類は家や家族につながる意味をもってい
　る。どのようにしたいかは、Dちゃん自身に時間をかけて聴いていくことが必
　要である。

1．入所時の支援と入所中の基本的日常生活支援

　入所型児童福祉施設では、衣食住にかかわる日常生活のあり方が援助の土台となる。

　生活の中では、以下のことが必要である。

　　①入所してきた子どもを「一人の人」として尊重する。

　　②入所時から、安心感のある環境をつくる。

　　③複数の職員で援助の適切さを検証・確認しながら支援の一貫性を保つ。

　　④生活力をつけ、生活文化を大切にする支援をする。

　ここでは、この視点に立って、入所時の支援、環境整備や子どもの選択権の保障、施設の日課や規則のあり方などの日常生活支援を考える。

（1）入所時の子どもとのかかわり

虐待を受けて入所した子ども

　虐待を受けて入所した子どもは、どのような気持ちだろうか。

　　・「自分が悪かったのでは……」「大切なものをなくしてしまった」「取り
　　　返しがつかない」など、罪悪感や喪失感を抱く。

　　・とても混乱した気持ちで、「本当は施設に入りたくなかったのに」と思う。

　児童相談所では子どもに対して、施設入所に関し年齢に応じた説明を行っている。施設でも子どもの生活が落ち着いた頃に再度気持ちを聴いたり、児童相談所での説明を的確に理解できているかを確認したりする。職員は児童相談所からの記録を読み解き、児童相談所と支援の一貫性を保つために連携していくことが大切である。

　職員は、子どもの過去を丁寧に知る努力をし、子ども自身が語れるようになるための援助を行う。子どもにとって大変な経験も、語ることによって向き合うことができるようになる。その気持ちを職員が共感することによって、子どもがしだいにその体験を乗り越え、将来に向かう力を獲得することにつながっていく。その後、子どもの気持ちを確認しつつ親子関係のあり方を検

討していく。入所児の家族は、親子関係だけでなく経済的な問題や社会的不適応など様々なストレスを抱えている場合が多い。施設は、児童相談所のほか地域の中で親を支援できる民生委員・児童委員[*27]、保健師、保育所、学校の関係者などとも連携することが必要である。

子どもが現在の生活に納得できるような支援

　子どもに対しては、年齢に応じて現在の生活について説明する必要がある。

　子どもによっては、「いつか親が迎えに来てここでの生活は終わるのだ」というような気持ちを抱き続け、現実に向き合えなくなってしまうことがある。そうならないために、子どもに「なぜ施設にいるのか」「親は今、どうしているのか」「生活の見通しはどうなのか」などについて伝えていく。

衣食住にかかわる支援

　子どもの成長にとって、「生活」が及ぼす影響はとても大きい。衣食住にかかわる日常の具体的支援が子どもの支援の土台であり、施設保育士はアドミッションケアからの流れを専門的につくっていくことが大切である。

❖生活場面では

・子どもが安心でき「大切にされている」と実感できる環境を意図的につくりだす。
・子どもの言葉や行動を通して、子どもの本当の気持ちを読みとる。

　日常生活での支援では、職員と子どもの距離が近いだけに、不適切なかかわりが生じたり、子どもの重い課題に取り組む中で職員が傷ついたりなどの様々な問題が生じることがある。常に複数の職員で支援のあり方を振り返りながら、同時に入所から退所に至る支援の一貫性を保つことが大切である。

＊27　児童福祉法第16・17条による住民協力者。民生委員法による民生委員が兼任する。担当地域の児童や家庭の状況把握、児童や妊産婦への情報提供や支援、関係機関との連携が主な活動である。主任児童委員は担当地域をもたず、児童委員への援助協力を行う（→*p. 236*も参照）。

個としての子どもの尊重

入所してきた子どもが「たった一人の大切な人」としての実感をもてるような支援をしなければならない。そのためには、子どもが集団としてひとまとめにされず、「個」として尊重される必要がある。

・個別の空間がある。
・自分だけの生活用品がある。
・「自分がどうしたいか」という「選択の機会」が保障される。

（2）入所後の生活への導入

入所した子どもの権利についての説明

子どもには以下の権利があることを説明する。

①知る権利

　　自分自身や家族について、施設での生活の内容や見通しについてなど、年齢に応じた方法で、本人が納得できるような説明を、十分に受ける権利がある。

②意見を表明する権利

　　施設の中でも、自分の意見を言える。

③情報及び資料を利用する権利

　　いろいろな情報や考え方を得ることができる。

④プライバシーが守られる権利

⑤子どもとしての心身発達が保障され、教育を受ける権利

⑥自分に合った趣味やレクリエーションなどを楽しむ権利

⑦家族と交流する権利

　　子どもの利益を尊重しながら、家族と手紙、面会帰宅、電話などの手段によって交流できる。

⑧思想・良心・宗教に関する権利

　　「思想・良心・信教の自由」が保障されている。

⑨体罰・虐待・搾取・性的な被害・差別から守られる権利

生活の中の「ルール」の意味と役割

　施設の生活においては、子どもが、「自分でこうしたい」という気持ちを表現できるようにしていかなければならない。そして、複数人の子どもが暮らす場では、お互いの気持ちを調整していくために生活の中の一定の「ルール」が必要なことがある。施設の生活において、「ルール」にはどのような意味と役割があるだろうか。

❖生活の中の「ルール」とは

- ・大人からの管理の手段としてあるのではない。
- ・お互いに気持ちよく暮らすためにある。
- ・弱い立場の子どもが不利益にならないためにある。
- ・子どもが理解できるようによく説明することが必要である。

　現在、社会的養護の場としての施設では生活の場の小規模化が進み、一緒に生活する子どもたちの数も少なくなってきている。子どもたち同士が、どのような「ルール」があればお互いを尊重しながら安全に気持ちよく生活できるか、自ら考えていくプロセスがとても大切である。そのプロセスの中で当然失敗もあるだろう。しかしそのときに保育士が子どもの失敗を一緒に受け止め、償ったりやり直していくプロセスにも寄り添っていくならば、子どもは社会の中でよりよく生きていく力を身につけることができる。

　入所前にネグレクト（ 🔍 p. 158③ ）などを受けた子ども、また非行などの逸脱行動が激しかった子どもの場合は、行動にも一定の枠や基準が育っていない場合がある。生活の中の「ルール」は、そのような子どもが自分自身で行動を自覚できるように働きかけることにより、「自律」を助ける手段ともなるのである。

日課の意味

　入所する子どもたちの多くは不安定な生活を送ってきており、毎日「今日

のご飯は食べられるのだろうか」と心配する生活だった子どももいる。子ど
もは生活の安心を得たときに、過去の辛かったことを振り返り、心の整理を
始めることができるようになる。であるから、施設の**日課**を決めるときは、
子どもが安心して暮らせることを第一に考えていくことが必要である。

❖生活の中での安心感

・決まった時間に食事がある。

・夜は暖かな布団でゆっくり寝られる。

・何曜日に何があるという見通しが立てられる。

　日々の生活においては、「子どもをしっかりさせなくては」「何でも自分で
きちんとできるようにしなくては」とばかり考えるのではなく、どうすれば
子どもが「いたわり」を経験できる生活になるのか、保育士は十分に考えな
くてはならない。子どもが子どもとして大人からケアされることは、成長発
達にとってとても重要である。

施設におけるプライバシー

　電話やメール、手紙などを他人から見られたり聞かれたりしないこと、他
人から勝手に持ち物を見られたり触れられたりしないこと、などの**プライバ
シー**を保障することも重要である。

　プライバシーを守るために、施設の個室化が進んでいる。施設によっては、
居室の内部から子どもが鍵をかけられるようになっていることもある。これ
は、集団生活の中で一人になれる空間と時間を保障できるというメリットが
ある反面、中で何をしているかわからず、室内で問題が発生していた場合に
は対応が遅れるというデメリットがある。個室にすることにより、死角（職
員から見えないところ）もできやすくなる。個室のメリットを大切にしなが
らも、保育士はきめ細かく子どもの様子をみていく必要がある。

（3）施設における子どもの生活と生活文化

子どもとの距離と援助のあり方

　入所型児童福祉施設においては、多くの施設がかつては**孤児院**であったという歴史的な理由で「寝起きを共にし」「本当の家族のように」生活することが重要だという考え方が、過去にはあった。

　現在も、多くはないが、住み込み制をとっている施設もある。

❖住み込み制のメリット

　　・子どもによっては虐待の痕跡が身体的に残っている場合もあり、保育士が
　　　ショックを受けてしまい「かわいそうな子ども」という気持ちを抱きやす
　　　いこともある。しかし日常をともにすることで、「虐待を受けた子ども」
　　　「かわいそうな子ども」ということでなく、その子の本来の姿、自然な姿
　　　にも目が向くようになる。

　　・子どもにとっては常に生活をともにすることで、より保育士との距離が近
　　　くなり、「恐ろしくない人もいるのだ」という感覚をもち、他者への愛着
　　　の感情を自然に育てていくことができるようになる。

❖住み込み制のデメリット

　　・現在入所している子どもたちの多くが心理的な重い課題を抱えているので、
　　　保育士の負担が増す。

　　・保育士が子どもに対して情緒的な距離をとりにくくなり、「自分がいなけ
　　　ればこの子はやっていけないのではないか」というような、共依存（用語 p.
　　　64）やのめり込み状態になる危険がある。

　今後の施設が単に「家族のように」暮らすのではなく、「専門的機能」をどのように発揮し、子どもと養育者との一貫した関係を形成していくのかという観点から、職員の勤務体制について十分な検討が必要であろう。

生活をともにすること

　職員は施設では子どもと一定の時間を共有して生活することになる。その中で対応する際には、子どもの入所前の生活の様子を理解する必要がある。

- 食事場面で過剰な食欲があり、「いただきます」をする前から手づかみをしたりかきこんだりする子どもがいる。また、インスタント食品しか与えられていなかった子どももいる。
- 主食に主菜副菜が揃った献立に対して拒否反応を示す子どもがいる。よく聞いてみると、家庭にいたときには、極端に偏った食事だったり、市販の惣菜などを容器から直接食べていたとわかった。

　このような子どもたちは入所前に、食事によって大人からの愛情を感じたり、心が落ち着いたり、ということを全く体験していないと考えられる。

- 整理整頓、所持品の管理などができない子どもが入所してきた。入所前の状況を聞いてみると親に精神疾患があり、家の中が混乱状態であったことがわかった。きちんと片付けられた場所で暮らしたことがないため、職員に「片付けなさい」と言われてもその意味が理解できなかった。

　施設では食事、片付けに限らず、行動の矯正[*28]やマナーの「指導」などに一生懸命になりやすい。しかし、子どもの置かれていた過去の状況に配慮しながら、子どもの気持ちを考えて時間をかけて対応していくことが大切である。
　生活の場をともにすることを有効に生かせる場合もあるが、逆の場合もある。このようにしなければ気が済まないという保育士自身の性格や暮らし方、対人関係の中で相手に求めることを、子どもにも無意識のうちに日々要求していることがある。それは違う育ち方をしてきた子どもにとっては辛いことである。それが本当に必要なのか、チームで考えていくことが大切である。

---

*28　悪い習慣や行動などを訓練して直すこと。

「生活文化」と「生活力」

　これまで述べてきたように、入所型児童福祉施設では子どもを一人の人と
して尊重し安心感のある環境を整えるとともに、社会が共有している日常生
活技術や挨拶、人づきあいの方法、季節の行事に関する知識、生活のマナー、
道徳心、生命観などを伝えていくことが非常に重要である。このような生活
様式や価値観などを**生活文化**という。生活の営みを手際よく合理的に行い、
社会に属するメンバーとして認められるためには、生活文化を習得すること
が必要なのである。

　生活文化は家族の中で育つとごく自然に身につけられるが、施設の大きな
生活空間や人間関係の中では子どもに伝わりにくいことが多い。また障害児
施設の場合は、障害児に合わせて適切と考えられる環境を整えることにより、
逆にその体験が偏ってしまうというようなこともある。きょうだい児と家庭
で暮らしていれば、ごく普通に体験することを、障害児施設ではできなかっ
たりするのである。

　生活文化の広がりと深さ、子どもに及ぼす影響を保育士が正しく理解し伝
えることは、施設の中での生活をできるだけ外の一般の生活に近づけること
になる。生活文化を身につけていないと、非常識と周囲から思われたり、社
会のメンバーとしてふさわしくないとみなされたりする。生活文化を習得す
ることで、子どもたちが将来家庭に帰ったり、自立したり、家庭をもつこと
により豊かに生活をつくっていくことができるのである。

　複数の職員が専門職としてチームで役割分担をし、適切な距離を保ちなが
ら生活文化を伝えることが大切であるが、その際には当然のことながら職員
の個々の体験的な事柄を基礎にするのではなく、国や時代の流れに即した生
活文化を職員間で吟味しなくてはならない。そして先にふれたように子ども
たちの過去、すなわちそれぞれが家庭でもっていた生活文化も理解し尊重し
ながら、子どもたちが納得できるペースや手順で伝えることが必要である。

　さらに、生活文化の伝達には、本質的に子どもたちの**生活力**を育むという
視点が不可欠である。

　生活力とは、第一に**回復力**であるといえる。子どもたちは過去に様々な困難を経験して入所してくることが多く、そこから子どもを守り育てることが施設の役割である。しかし一方で、その困難さも子ども独自の人生である。そこから全く切り離された支援をすることは適切ではない。人間は本来、困難な環境をも乗り越え、生き抜く力をもっている。状況に合わせて子どもの回復力に委ね、成長を見守るという姿勢も必要である。

　第二に、人とかかわる力である。人間関係における失敗は子どもの成長にとって重要である。施設が、子どもにとって失敗したときにも戻れる家庭に代わる場所であることにより、子どもは再度立ち直り、経験を積んで、人とかかわる力を獲得していくことができる。

　第三に、自己肯定感である。自分が生きていることを積極的な気持ちで受け止めるということが、生きる基本である。安心できる心地良い環境を保育士が整え、生活を文化と考えて日常生活を大切にしながら対応していくことが、子どもの自己肯定感を高めることにつながる。

　現実的には子どもたちの入所前の生活は困難な場合が多く、先にふれたように施設での生活文化になじめないこともあるだろう。保育士には「あるがままの状態をまず受け止める」「決して非難しない、否定しない」「自己決定を尊重する」「個人として尊重する」という個別援助技術の原則を生かした対応が求められる。施設では類似の課題を抱えた子どもが複数いることから、集団援助技術（グループワーク）を活用して支援することもある。

　質の高い生活文化を伝え、子どもに生活力を育てることが保育士の役割であり、子どもの生活の質（Quality of Life：QOL）を人生全般において高めることにつながるのである。

「日課」や「生活のルール」の意味について考えよう

　R学園では施設の目標が壁に貼りだされており「みんなで学園をきれいに
しよう」というのが今年の重点目標だそうだ。しっかりした「清掃指導」が
されており、朝食前にもホームの掃除をしていた。実習生のTは以前高校の
寄宿舎にいたので違和感はなく、「児童施設でもこういう習慣がつくのは良い
ことだな」と思った。掃除や整理整頓の習慣については、親からも特にきっ
ちり教え込まれており、自分も身の回りがきれいでないと落ち着かない「タ
イプ」である。子どもたちと一緒に掃除をすることにも疑問はなく、とても
すがすがしく気持ちが良かった。

　学校から、クラブ活動も終えて遅く戻ってきた子どもにも、担当箇所の掃
除が残されている。「責任感を養うためにそうしているのです」という職員の
説明だった。

　《Q1》目標の掲示、清掃指導について、あなたはどのように感じるだろ
　　　　うか。

　《Q2》Tに「違和感」がなかったのは、なぜだろうか。

　《Q3》学校から遅く戻ってきた子どもに、どのような言葉かけをするこ
　　　　とができるか、具体的に考えてみよう。

確認
してみよう

基本的日常生活支援

Q 1

◇ 施設は子どもにとって、くつろげる環境であることが望ましい。そこに掲げて
ある「目標」や「指導」について子どもはどう感じるか、子どもの立場から考
えてみよう。

◇ 施設の「目標」や「指導」は、職員の立場からみた仕事の「成果」を示すもの
になってしまう危険がある。

◇「清掃」を教える場合もいろいろな方法がある。子どもが生活する場所に「帰
属意識」「安心感」をもつようにすると、自分できれいにしようという気持ち
を養うことができる。

Q 2

◇ 職員が、自分の生育歴の中で身につけた価値観や習慣などを、無意識のうち
に仕事に持ち込んでしまうことがあるので、注意しなければならない。

◇ 安らげる生活の場を、子ども自身がどのように整えていけるか一緒に考えてい
くことが大切である。

Q 3

◇ 下校してきた子どもに「おかえりなさい。疲れたでしょう」「悪いけれど、お
掃除お願いできるかな」などと声をかけてみる。

◇ 終わったときには、「ありがとう」「きれいになったね」と伝えてみる。

◇ 職員からの子どもへの声かけによって、日課の内容自体は変えなくても、いろ
いろな意味合いをもたせることができる。

リービングケアについて考えよう

　H子さんは公立普通科高校1年生。そろそろ進路を考えなくてはいけない時期になってきている。担当職員Oが「将来どんな仕事に就きたい？」と聞いたところ、「保育士になりたい。小さい子が好きだし、職員さんたちにいろいろお世話になっているし」「仲の良いGさんもそっちの学校へ行きたいといってる」と答えた。

　OはH子さんの言葉がとてもうれしく、先輩のEに報告したが、その話を聞いてEはやや心配そうな表情になった。そして、「保育士という選択そのものは悪くはないけれど……。決める前に、もう少しH子さん自身が考えたり、私たちがしなければいけないことがあるかも」と言われた。

《Q1》H子さんがあげている、職業選択の動機について、どう思うか。

《Q2》EはH子さんの何を心配したのだろうか。「H子さんが考えた方がよいこと」とはどんなことがあるだろうか。

《Q3》施設の中で、子どもが進路選択をする場合に、職員はどのような支援ができるだろうか。

Q1を考える視点

◇友人に影響されずに、自分の問題として進路を考えることが必要である。

◇子どもの体験が少なかったり、人間関係の幅が狭かったりすると、進路の選択
　が限定的になりやすい。

Q2を考える視点

◇選択の動機や自分の適性について、子ども自身が時間をかけて考えることがで
　きるようにする。

◇H子さんのように、「職員にお世話になっている」というような理由以外にも、
　例えば「施設を出たら家族を支えなくてはいけない」などと子どもが考えてい
　る場合がある。気持ちは尊重しながらも、できるだけその子ども自身の利益、
　主体性や適性を重んじた将来設計ができるように支援する。

Q3を考える視点

◇進路先について、具体的、客観的な情報を与える。

◇到達可能な目標について、まず子どもが設定できるようにする。

◇利用できる社会資源を教える。

2．退所に向けた支援の基本

（1）基本的な考え方

　1997（平成9）年の児童福祉法改正では、「条約」批准を受けてそれまでの「保護」「指導」に代わり**自立支援**という内容が盛り込まれた。

❖*自立支援の定義*[*29]

　　　児童の自立を支援していくとは、一人ひとりの児童が個性豊かでたくましく、思いやりのある人間として成長し、健全な社会人として自立した社会生活を営んでいけるよう、自主性や自発性、自ら判断し決定する力を育て、児童の特性と能力に応じて基本的生活習慣や社会生活技術（ソーシャルスキル）、就労習慣と社会規範を身につけ、総合的な生活力が習得できるよう支援していくことである。

　従来の施設においては、社会的、経済的な目に見えやすい自立支援に偏りがちであった。現在「自立生活能力を高める養育」とは、「安心感のある場所で、大切にされる体験」を提供し、子どもが「自己肯定感」を育むことができるようにすることがまず重要とされている。その土台のもとに、基本的生活習慣や社会生活技術、社会的規範などを身につけて進路を考えていくことが大切である。この考え方は社会的養護にかかわる諸施策の前提とされている。

（2）リービングケアの定義

❖ リービングケアとは

　・自立支援計画をもとに実施する施設内の「インケア」と、家庭への引き取りや年齢制限などにより施設を出た後の「アフターケア」との間にある考え方。

＊29　児童自立支援計画研究会編「子ども・家族への支援計画を立てるために──子ども自立支援計画ガイドライン」、2005年、p.1

・社会に出たときに必要な技術や知識の習得や訓練だけでなく、施設の人間
関係や場所との別れに関する準備などの支援も含む。

「児童養護施設運営ハンドブック」では、「失敗しないように、事前に社会
生活を営むうえでの知識や技術を身につけていく支援」*30 とも説明されている。

子どもたちは、どのような状況になると施設を出るのだろうか。第一には
家庭で暮らせる状況が整った場合である。家族の状況が改善され子どもを養
育できると認められたとき、また虐待があった場合はその再発がないと判断
されたとき、施設入所の措置が解除される。さらには、子どもが児童福祉法
の支援範囲ではなくなったとき、施設を退所する。

（3）リービングケアの考え方

未来への見通しをつける

虐待を受けた子どもたちは、自分を大切な存在として感じられず、「自分
は悪い子で、生きていても仕方がない」という感情を抱きやすい。そのため
に、将来はどうすればよいのかという感覚そのものが育たないことがあるの
で、過去を整理し未来への見通しをつける支援が必要である。

選択の機会を増やす

受け身や管理の生活では、進学や就職のときに必要となる自分で考える力
が育たない。子ども自身にできるだけ多くの選択の機会を与えるようにする。

（4）リービングケアの方法

施設での体験を補う

最近は小規模グループケアや小舎制の増加に伴い、施設の生活も一般家庭
の規模に近づいているが、それでも様々な体験の偏りが生じることがある。
・医療機関の窓口でお金を支払うことがない（子どもたちは児童相談所か
ら「受診券」という医療券を発行され、その券を提示すると手続きできる）。

---

*30　厚生労働省「児童養護施設運営ハンドブック」、2014年、p.76

・施設では外出時に交通費の特別割引券を使っていることがある。

・一般の家庭であれば、給料日の前に親が真剣にやりくりしていたりする。施設では、毎日の節約というようなことを子どもに伝えにくい。

・一人で過ごす、ということも、施設の中では経験しにくい。

このような施設独特の生活のあり方、体験の偏りの修正を、職員が意識して支援していくことが大切である。

自立の力を育むための支援——回復力（レジリアンス）を高めるには

養育者からの虐待を受けるなど不適切な環境で育った子どもたちに対して、その回復力（レジリアンス）を高めるためには、**保護的・補償的体験**（PACEs）が必要であるといわれている。[*31] **小児期逆境体験**（Adverse Childhood Experiences：ACEs〔子どもが生きるうえで不可欠な安心や安全が守られていない環境における体験、すなわちトラウマとなりうる虐待やネグレクト、性被害、機能不全家族との生活など〕）による心身への悪影響を緩和し、健全な発達を支えるものとされる。

❖ 保護的・補償的体験とは

保護的・補償的体験とみなされる関係性の要素は

①親でなくても、ほかの主たる養育者から無条件の愛を受ける。

②親友がいる。

③コミュニティでのボランティア活動など、社会の一員となっている。

④家族以外の大人からサポートを受けられる。

資源の要素としては

①十分な食料のある清潔で安全な家で暮らす。

②学ぶための資源と機会をもっている。

③夢中になれる趣味をもっている。

④団体スポーツの一員であるか、定期的に体を動かしている。

[*31] Protective and Compensatory Experiences
J.ヘイズ=グルード、A.S.モリス（菅原ますみほか監訳）『小児期の逆境的体験と保護的体験——子どもの脳・行動・発達に及ぼす影響とレジリエンス』明石書店、2022年、pp.45-67

⑤規則正しい日課と公正で一貫性のあるルールをもつ家族の一員である。

このような知見からは、施設の人的物的に安定した生活環境の大切さや、子どもが職員だけでなく地域の様々な人からサポートを受け、信頼や愛着を育まれること、及び教育機会や多様な趣味の場をもつことなどの重要性を理解できる。自立とは日々の養育の積み重ねを基盤とするのである。

リービングケアの具体的内容

退所の前に、以下のような自立訓練を行っている施設がある。

- ・通常の居室から離れた場所で、一定期間、炊事、洗濯、掃除などを行う。
- ・自分で献立をたてて買い物するなど一定のお金の中でやりくりする。
- ・各種保険手続き、住民票や印鑑登録の取得、銀行の利用、住居の探し方、ハローワークの利用方法などを知る。
- ・冠婚葬祭などの慣習や対人関係におけるマナーを理解する。

施設には自立支援担当職員がいて、退所する前の準備をサポートする。アフターケア事業所（次項参照）を含むNPOや社会福祉協議会（社協）などで[32]施設の子どもたちを対象とした**自立生活技術講習**を行っている場合もある。例えば消費者金融や悪質商法への対処法を学んだり、ビジネスマナー講習、職業カウンセリング、企業の雇用者からの話を聞いたりするなどの多様なプログラムを実施している。

児童自立支援施設の中には、高等学校を卒業して自立する前に、施設がある町にアパートを借りて一人暮らしを経験させているところがある。この時期に子どもは「友人を招いて夜遅くまで騒ぐ」「ゴミをきちんと出さない」「無駄遣いで生活費が足りなくなり、食事がとれなくなる」「朝寝坊をして遅刻する」など様々なトラブルを起こす。また施設であれば病気をしても必ず誰かが看病してくれるが、自分だけで心細い経験もする。ときには学校や近隣の住民、大家さんが気づいて施設に連絡してくる場合もある。職員は定期的に子どもと話し合い、生活を見直す。子ども自身が、どうすれば問題を解

---

*32 〔Non Profit Organization〕（民間）非営利組織（団体）。

決できるか考えていけるようにする。そのような時期を経て、子どもは一人で暮らすことへの準備をするのである。

3．アフターケアの考え方と方法

（1）アフターケアとは

❖*2004年児童福祉法改正におけるアフターケアの位置付け*

　　乳児院、児童養護施設、母子生活支援施設（**参照**第2章Ⅱ§2-3．〔p. 95-〕）、情緒障害児短期治療施設（現・児童心理治療施設）、児童自立支援施設において、退所（院）した者に対する相談その他の自立のための援助を行うことが定められた。

　子どもが家に戻った場合は、児童相談所だけでなく地域の関連機関と連携しながら虐待再発や生活の安定に向けて継続的に援助することが必要になる。
　進学、就職の場合は、挫折や失敗をしてもいつでも訪問できるような施設としての体制を整えておかなくてはならない。職員全体で退所した子どもの一定程度の情報を共有しているなどの体制が必要である。

（2）アフターケアの場

　施設を出た後、何の後ろ盾もなくすぐに自立して生活することは難しい。**自立援助ホーム**を利用して徐々に自立する子どももいる。

❖*自立援助ホーム*
- ・1997年児童福祉法改正で、**児童自立生活援助事業**として法制化
- ・児童相談所、児童福祉施設、家庭裁判所や福祉事務所などの経路で利用
- ・定員は6〜20名
- ・義務教育終了後、施設を退所し就職する者（20歳未満）、大学などに就学中

の者、その他やむを得ない事情により児童自立生活援助の実施が必要と認
められた者が対象

・１〜２年の短期利用が主

自立援助ホームは児童自立生活援助事業であり、子どもがホームと直接契
約をし、仕事をしながら生活費を納め、貯金をしていくことになっている。
2022年10月時点で全国266か所である。ホームによっては職業訓練やグ
ループ活動を取り入れたり、精神障害者のためのグループホームも併設され
たりしているなど様々な試みが行われている。

（3）アフターケアの諸制度

児童福祉法の対象年齢は18歳までであるが、社会的養護の場にいる子ども
たちに関しては、従来より要件等の緩和によって18歳を過ぎても措置継続で
きるような施策が実施されてきた。2017年創設の「社会的養護自立支援事
業」では、里親委託または児童養護施設等に措置されている子どもについて
も、原則22歳の年度末まで必要な支援が受けられることとなっていたが、
2022年の児童福祉法改正においては、児童自立生活援助の年齢による一律の
利用制限が弾力化された。

また社会的養護の場を離れた子どもたちに対して、2010年から「退所児童
等アフターケア事業」が実施されている。これは、社会的養護の当事者活動
が発端となっている。児童福祉や就業支援に精通したスタッフを配置し、
ソーシャル・スキル・トレーニング、相談支援、生活支援、就業支援等を行
い、地域生活及び自立を支援するとともに、退所した者同士が集まり、意見
交換や情報交換・情報発信等を行えるような場を提供するものである。2022
年改正児童福祉法に「社会的養護自立支援拠点事業」として位置付けられる
ことになった。

＊33　こども家庭庁「社会的養育の推進に向けて（令和５年10月）」、2023年
＊34　2023年11月現在、37団体が参加している。「アフターケア事業全国ネットワークえ
んじゅ」ウェブサイト参照。
▶https://enjunet.org/about/

❖ *知的障害のある子どもたちへ*

- 療育手帳：本人に説明し、親の同意を得ることが必要。18歳未満の場合、取得手続きは児童相談所で、それ以上では心身障害者福祉センターに申請する。

　障害者支援施設の利用や、障害者雇用枠での就職などがしやすくなる。

❖ *精神的疾患のある子どもたちへ*

- 精神保健福祉手帳：療育手帳と同じ。18歳以上は市町村窓口等で申請する。
- 施設在籍中に利用していた医療機関の医療ソーシャルワーカー（Medical Social Worker：MSW）や居住地の保健所、市町村窓口等に相談する。

❖ *就職あるいは進学する子どもたちへ*

- 自立支援資金貸付事業：就職や大学等への進学時に住居や生活費等の確保が難しい場合、家賃相当額や生活費の貸付を受けることができる。入所中であっても、就職に必要な各種資格を取得するために必要となる費用の貸付も可能である。
- 身元保証人確保対策事業：就職や賃貸契約等の際に、施設長等が身元保証人になることができる。損害保険契約の保険料に対して国が補助を行っている。

❖ *女子児童に関して*

- **福祉事務所**で、**保育所**、母子生活支援施設の入所、母子福祉資金貸し付けなどの相談ができる。
- ドメスティック・バイオレンス（DV）などの被害にあった場合は、女性のための各種相談所や施設などを利用することができる。

アフターケアについて考えよう

　ある日、W施設に、退所したUくんが遊びに来た。「久しぶりだね。もっと来てよ」と職員Sが言うと、Uくんは「相談にのってくれる人って誰だっけ？」「一度出てしまうと、何となく来にくくなっちゃうんだよね」ともらした。

　Sはアフターケアを担当する職員と相談して、いつでも相談に来てよいことを周知するとともに、気軽に来るきっかけとなる場も設定することにした。夏に施設のお祭りを開催しているので、この日をホームカミングデーとして案内状を出し、年賀状も含め年に2回は卒業生の安否を尋ねる機会をつくった。ホームカミングデーには退職した職員やボランティアも招待し、子どもたちを支えてくれる人たちとのつながりが途切れないような工夫をした。

　このような試みを通して、W施設は退所した子どもたちとのつながりが多くなり、ボランティアとしてかかわってくれる子どもも現れるようになった。

　《Q1》退所した子どもたちが施設を訪ねにくい理由には、どのようなことが考えられるだろうか。

　《Q2》この事例の方法以外に、施設としてのサポートには、どのような方法が考えられるだろうか。

　《Q3》退所した子どもたちと在籍している子どもたちとの交流には、どのような意義があるだろうか。

確認
してみよう

アフターケア

Q1

◇施設では職員の退職や異動のため、子どもが知っている職員がいなくなってしまう場合がある。

◇子どもたち自身も生活が大変なことが多く、施設とのつながりが途切れがちになる。

Q2

◇施設としてアフターケアを担当する職員を明確にし、どのようなサポートが受けられるかを退所する子どもに具体的に教えておく。

◇ほかの職員も情報を共有しておき、施設全体で対応する。

Q3

◇在籍している子どもたちには、退所後も援助を受けられるという安心感を与えられる。

◇具体的なモデルと接することで、進路を具体的に考えることができるようになる。

Column

子どもたちのその後

　近年では、社会的養護の場を出た後の子どもたちの「自立支援」が非常に重要な課題として認識されており、「新しい社会的養育ビジョン」でも「虐待や貧困の世代間連鎖を断ち切れるライフサイクルを見据えた社会的養育システムの確立」について言及されている。自立を目指した適切な養育とはどのようなものなのかについては、当事者の意見がまず重要であろう。

　都道府県事業である「退所児童等アフターケア事業所」の活動は多岐にわたり、児童養護施設等の入所中からの関係性づくり、職場体験、パソコン教室、食品の提供、食事会や調理実習の実施、高等学校卒業程度認定資格取得のためのサポート、またシェアハウスや緊急一時保護用のアパートを用意しているところもある。2022年児童福祉法改正により法に「社会的養護自立支援拠点事業」として明記され、対象者も「措置解除者等又はこれに類する者」とされた。

　「Children's Views and Voices（CVV）」は、「当事者の声を聴き、社会資源であるひとや団体、場所とつながること」を目指して、2001年に大阪で設立された。「社会的養護の当事者もそうでない人も『ともに』」活動している。『社会的養護の当事者支援ガイドブック—CVVの相談支援』[*35]（2015年）の中では、「社会的養護の当事者の傾向」として「いつでも転げ落ちる可能性がある」「相談の段階までにたどり着けない困難」「相談を継続することが困難」の３点をあげている。虐待を受けたことによる不利は、子どもが成長するにつれて見えにくく、発信されにくくなりがちである。社会的養護の場にいる子どもたちだけでなく、そこから出たかつての子どもたちに対しても、社会が十分な理解を醸成していくことが重要である。

＊35　Children's Views and Voices（CVV）のウェブサイトなどを参照。
　▶https://osakahomepage.wixsite.com/cvvosaka

第4章

社会的養護の課題と展望

地域連携と家庭支援

§1 施設の小規模化・地域分散化

　児童養護施設等の社会的養護の課題に関する検討委員会・社会保障審議会児童部会社会的養護専門委員会が2011年に取りまとめた「社会的養護の課題と将来像」に基づいて、施設の小規模化、高機能化が進められ地域支援の拠点機能が強化されてきている。さらに2017年に、新たな社会的養育の在り方に関する検討委員会が「社会的養護の課題と将来像」の見直しを図って提示した「新しい社会的養育ビジョン」においても、この点については引き続き重視されている。

1．地域小規模児童養護施設（グループホーム）

　虐待（論→第3章Ⅰ§2・§3〔p.158-〕）を受けて施設に入所してくる子どもは家庭的な生活体験に乏しいことも多く、施設環境の改善は大きな課題である。できるだけ小規模な生活空間で特定の職員との愛着（アタッチメント）[*1]を再形

＊1　〔attachment〕→第2章＊7（p.86）及びp.91参照。

成することが重要であり、厚生労働省は**地域小規模児童養護施設（グループ
ホーム）**を2000年度から導入し、**家庭的な養育環境**に近づけるよう努力している。

❖グループホームとは

・2000年度から「地域小規模児童養護施設」として制度化。
・定員6名で地域の一般家屋に職員とともに生活。
・2022年10月1日現在、321施設に581か所設置。[*2]

グループホームでは、郵便物を取りに行く、地域の店でその日の特売情報
をみながら好きな食材を買うなどの経験ができる。また、<u>子どもが集団生活
では出せなかった心の葛藤をストレートに表現する</u>こともある。小規模化の
取組状況についての調査では、下記のような効果や課題があげられている。[*3]

❖小規模化の効果と課題

効果

・個別の職員とのかかわりが増え、関係性が構築されることで、子どもの愛
　着形成や感情表出などが促される。
・子どもの自由な時間、静かな時間や、プライバシーが守られるなど、個別
　の生活環境が確保される。
・料理や買い物などを含め、日常生活の全般において経験・体験を積む機会
　が増加する。

課題

・小規模化により子ども同士、また子どもと職員の距離が密接になることで、
　課題の大きい子どもの影響が大きくなることがある。
・子どもの行動に巻き込まれて適切な支援が行えなくなることがある
・小規模化の実施における人材育成・人材確保が必要。

＊2　こども家庭庁「社会的養育の推進に向けて（令和5年10月）」、2023年
＊3　［こども家庭庁 2023］（＊2前掲）及び厚生労働省「児童養護施設等の小規模化に
　　おける現状・取組の調査・検討報告書」、2017年など参照。

　さらなる小規模化推進のためには、「職員の孤立や職員による課題の抱え込みを防ぐシステム」や「地域の特性等に応じた方法での人材確保・人材育成に関する取り組み」が重要であるとされている。

　「新しい社会的養育ビジョン」においては、施設の小規模化、地域分散化だけでなく、高機能化にも言及されている。施設においては今後、地域の里親支援や手厚いケアが必要な子どもたちの養育も期待されており、職員の専門性がますます不可欠なものとなっている。

2. 小規模グループケア

　施設の生活環境をできる限り良好な家庭的環境に近づけようと、**小規模グループケア**の活用が進んでいる。文字どおり小規模なグループによるケア（養育）を推進することを目的とした制度である[*4]。

❖小規模グループケアとは

- ・2004年度から制度化。
- ・1グループ6人（分園型は4人以上6人以下）の生活ユニットを、本体施設や敷地外（分園型、ただし本体施設と連携がとれる範囲内）に設置。
- ・グループ担当の職員を置く（原則3人＋加算配置）。

　1施設に複数の生活ユニットを設ければ生活ケア単位を小さくすることができ、本体施設の職員とも連携可能なため、特別な配慮を必要とする子どもの養育もしやすいとされる。

　2012年3月時点では約5割が大舎制だったが、施設の小規模化と地域分散化・高機能化が推進された結果、2016年の調査によれば、生活ケア単位を3つ以上有する施設は全体の64.0％となり、さらにその生活ケア単位を形態別に見た場合、①小規模グループケア（敷地内で行うもの）39.1％、②小舎

＊4　厚生労働省「児童養護施設等のケア形態の小規模化の推進について（通知）」、2005年（2022年一部改正）

（12人以下）18.9％、③地域小規模児童養護施設12.2％、④大舎11.4％、⑤中舎9.5％の順であった。[*5]

　施設の小規模化・地域分散化はさらに推進され、児童養護施設における小規模グループケアは、2022年10月１日現在512施設に1904か所設置されている。全施設の８割以上が実施していることに加え、実施施設のうち１施設６か所以上実施している施設が最も多く、114施設734か所となっている。[*6]

**学びの
ヒント**

社会的養護の場の小規模化・地域分散化と 養育者の専門性

　2009（平成21）年度より定められた「被措置児童等虐待対応ガイドライン」には、職員の専門性向上のために「基幹的職員（スーパーバイザー[*7]）」を置くことが決められている。基幹的職員は、施設の運営上の透明性を高めるための管理・運営に関すること、職員への指導やメンタルヘルスに関すること以外に、子どもの権利擁護や日常的なケアに関することについての研修を受け、施設の専門性を高めるために機能することになっている。

　また施設長についても親権代行機能があり役割が重いことや被虐待児が増え適切な施設運営が求められることから、施設長の資格要件が児童福祉施設の設備及び運営に関する基準に規定されている。施設長研修も義務化されており、乳児院、児童養護施設、児童心理治療施設、児童自立支援施設及び母子生活支援施設の施設長は、２年に１回以上、こども家庭庁長官が指定する者が行う研修を受けなければならない。

　さらに最近は乳児や高齢児、障害のある子ども、非行傾向のある子どもなど、多様な子どもを迎えうる里親を開拓し育成することが求められている。「里親委託ガイドライン」はこれまでに数回改訂されており、よりきめの細かい里親委託が推進されている。

＊５　厚生労働省「児童養護施設等の小規模化における現状・取組の調査・検討報告書」、2017年、p.13
＊６　〔こども家庭庁 2023〕（＊２前掲）
＊７　〔supervisor〕→第１章＊26（p. 64）参照。

グループホームにおける個別ケアの事例

　中学 1 年生の K さんは、児童養護施設のグループホームで暮らしている。K さんは身体的虐待を受けて 5 年生のときに入所した。学校になじむまでは時間がかかり気がかりであったが、やがて少ないながらも友人ができ、この春に地域の中学校に進学した。5 月のある朝、K さんがなかなか起きてこないので心配したグループホーム職員 J が居室に見に行くと、K さんは「今日は頭が痛いので学校を休みたい」と言う。それから 4 日間休んだが、病気でもなさそうなので職員 J は K さんの友人に学校での様子を聞いてみた。すると、K さんは学校でパニック[*8]を起こし、それ以来周囲から避けられるようになっているということであった。パニックを起こした日は、K さんが久しぶりに帰宅した翌日であった。中学校にはほかの小学校からきた子どもたちも多いという。職員 J は新しい入所児童を担当して忙しくなり、K さんに深くかかわらない日が続いていた。そして、施設の子ども集団でお姉さんとして振る舞っていた K さんのことは、「頼りになる子」として手伝いを頼んでいた。

　《Q 1》あなたはこの出来事をどう考えたであろうか？

　《Q 2》職員 J は、今後 K さんにどのようにかかわればよいだろうか？

　《Q 3》職員 J が学校に対してできることは何であろうか？

＊8　突然起こる混乱で、虐待経験がある子どもは虐待を受けた記憶が突然よみがえり（フラッシュバック）、混乱してその場にそぐわない行動をとってしまう場合がある。

個別ケアの必要性

Q1

◇ 職員Ｊは、Ｋさんが年長で、しかも「良い子」なので、今日までＫさんへの配慮を忘れて過ごしていたかもしれない。

◇ Ｋさんは自分のことを我慢して、「良い子」になろうとしていたのかもしれない。

Q2

◇ 職員Ｊも心から大切に思っていることを伝え、Ｋさんの気持ちをよく聞こう。

◇ Ｋさんのために、心理療法担当職員と連携しよう。

◇ Ｋさんが自分でできることは何か、Ｋさんと一緒に考えよう。

Q3

◇ Ｋさんの了解を得て学校に出向き、問題を一緒に解決するために教員と話し合うという方法もある。

◇ 何らかの形で生徒に働きかける方法もある。

§2　地域とのかかわりと家庭支援

　児童福祉施設の子どもたちの生活において、学校や地域との連携は不可欠である。

　ここでは、

　　①子どもたちの学力不振に関して施設内でどのように支援すればよいか

　　②教員の理解や地域の保護者の協力をどのように得ることができるか

　　③軽度知的障害がある、能力的にボーダーラインにいるといった子どもたちには、どのような対応ができるか

などを取り上げ、地域の学校を利用する児童養護施設と母子生活支援施設（参照 第2章Ⅱ§2-3.〔p.95-〕）を中心にして実態にもふれながら、学校と施設のより良い協働のあり方を検討する。

　また、地域との関係については、施設の中に入るボランティアの意義と役割について、施設側で配慮すべき点について取り上げ、さらに地域における「福祉的視点」をもった住民のいる意味について検討する。

学校・地域との関係調整について考えよう

　小学4年生のRくんは母親からの身体的・心理的虐待を受けて児童養護施設に入所し、入所に伴い転校した。Rくんは登校一日目から授業中に周囲の子どもたちを挑発し、反発されると突然殴ってしまった。それ以後も落ち着きのなさと暴力はほとんど毎日あり、ほかにRくんと同調する子どもも出てきてクラスは荒れてきた。

　学校でも対応を検討しているうちに、3週間ほどたってしまった。ある日ついに一保護者から、「児童養護施設っていうのは、親がいるのに預けられているって聞いたんですが、親はどこにいるんですか。責任はとらないんですか。先生も先生で、Rくんをもっと強く指導しないからいけないんじゃないんですか」と担任と学校長宛に強い抗議の電話が入った。

　《Q1》Rくんの行動の理由を考えるためには、学校と施設ではどのようなやりとりが必要だろうか。

　《Q2》ほかの保護者には子どもたちを通しての情報しか、この段階では伝わっていないようである。保護者会を開くとして、どのような形でほかの保護者に説明をしていったらよいだろうか。

　《Q3》児童相談所と学校、施設でそれぞれができることは何だろうか。

Q1を考える視点

◇ プライバシーに配慮し学校生活がうまくいくために必要な情報だけを確定する。
◇ 子どもの課題について、どのような方法と見通しで対応しているのか、学校側に説明する。
◇ 授業でできなかったことを職員が個別に教える、毎日連絡帳により連絡漏れを防ぐなど、施設の生活の中でどのように対処していくか、学校と施設で話し合う。

Q2を考える視点

◇ 入所の具体的な事情は伝えずに、現在発生している問題については、施設の長が責任をもって対応することを伝える。
◇ ほかの子どもたちの教育権を侵害しないために、暴れたくなったら保健室に行って休む、職員と一緒に落ち着くまで待つなど、とれる方法を学校とともに検討したうえで具体的にRくんに伝え、周囲にそのことの了解を得る。
◇ 意見、情報を受ける施設の窓口をクラスの保護者に知らせておく。

Q3を考える視点

◇ 児童相談所は、医学的心理学的に必要な検査をし、学校、施設に助言する。必要に応じ教育委員会との話し合いに参加する。
◇ 学校においては担任だけに任せず、学校全体で情報を共有し対応を統一してもらうようにする。
◇ 近年配置が進められているスクールソーシャルワーカーも活用する。
◇ 施設においては生活の場の安定を図り、自信や落ち着きを得られるようにする。

1．地域における連携と児童福祉の促進

　児童相談所の児童虐待相談対応件数は毎年増加しているが、一時保護されるのは約13％、施設入所等の措置をされるのは約２％である。^{＊9}2022年児童福祉法改正では、市町村における子育て家庭支援の充実策の一つとして、要支援児童、要保護児童及び保護者、特定妊婦等を対象とした**親子関係形成支援事業**が実施されることになった。保育士は、地域において社会資源と専門的に連携し、児童虐待の防止と対応に取り組むことがますます重要になる。

（1）地域の社会資源との連携

　各自治体の児童相談所やこども家庭センター（後述）などの総合的な支援機関以外に連携すべき社会資源として主に以下のものがある。
　福祉事務所は、生活保護等を扱う第一線の社会福祉機関で、**家庭児童相談室**が設置され、家庭相談員が配置されている。また、**保健所・保健センター**は、

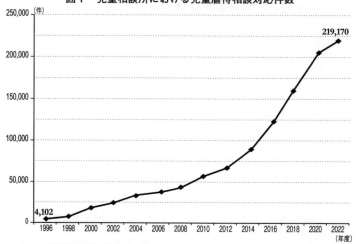

図1　児童相談所における児童虐待相談対応件数

※全国の児童相談所で対応した相談件数
出所：こども家庭庁「児童相談所における児童虐待相談対応件数（速報値）」、2023年をもとに作成

＊9　［こども家庭庁 2023］（＊2前掲）

地域内で生まれるほぼすべての子どもを把握し、家庭の課題に対応しやすい**保健師**が配置されている。**民生委員・児童委員**や**主任児童委員**は、厚生労働大臣からの委嘱、指名をうけ地域の福祉を推進する。[*10]

なお2022年児童福祉法改正に基づいて、「子ども家庭総合支援拠点」と「子育て世代包括支援センター」は、それぞれの設立の意義や機能は維持したうえで、すべての妊産婦、子育て世帯及び子どもへの包括的な相談支援を行う**こども家庭センター**として一元化される。

（2）児童家庭支援センターの役割

児童養護施設等に併設の**児童家庭支援センター**は、次のような役割を担う。

- 地域の児童の福祉に関する問題について、子ども自身や、ひとり親家庭、地域住民その他からの相談に応じ、必要な助言を行う。
- 児童相談所、児童福祉施設などとの連絡調整をする。

子どもや家族が児童家庭支援センターを訪問する、電話で相談する、児童家庭支援センター職員が家庭を訪問するなど多様な相談方法がある。

（3）子育て支援事業の展開

入所型児童福祉施設には生活全体を支援する機能があり、大きな課題をもった子どもに対応している経験がある。そのような専門性を生かした子育て支援事業によって、課題を抱える子育て家庭の機能を補うことができる。これらのサービスは施設退所後にも活用できるため、課題の再発を予防する役割も担っている。具体的には以下の事業などがある。

ショートステイ

子どもを育てるのが一時的に難しくなった場合や、緊急一時的保護を必要とする子どもなどを施設で預かり（原則として7日以内）養護する事業。

トワイライトステイ

通所利用により夕食や入浴など、夕方から夜までの児童養護をする事業。

---

*10 →第3章 *27 (p. 202) 参照。

（4）児童福祉施策への協力

　国・地公共団体・企業などが一体となって次世代育成に取り組むための**次世代育成支援対策推進法**、現在国を挙げて取り組んでいる子ども・子育て支援新制度や子どもの貧困対策の推進など、地域で展開されている児童福祉施策への協力も求められている。

　図2は、児童福祉施設の地域連携エコマップ[*11]例である。児童福祉施設には地域で暮らしている親子を支援するサービスがある。児童福祉施設も様々な地域の団体や組織と双方向の関係をもつことにより、地域の中に根を張り、地域から求められる資源になることができる。

図2　児童福祉施設の地域連携エコマップ

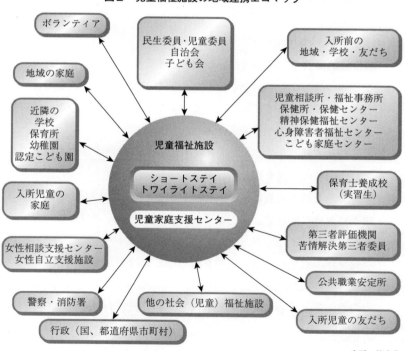

出所：筆者作成

２．学校と施設の連携

（１）施設と学校

　児童福祉施設の中でも、児童養護施設や母子生活支援施設の子どもたちは、施設の学区にある**学校**へ通う。その学校でどのくらい適応できるかが、子どもたちの生活の質（Quality of Life：QOL）や進路に大きく影響する。施設入所児は学習面をはじめとして、多くのハンディがあることが多い。

❖ 「障害等あり」とされる子どもたちの割合[*12]

　・児童養護施設で36.7%

　・母子生活支援施設で24.4%

職員はまず子どもの問題の原因を見極める。

　・**軽度知的障害**や、脳や神経系統にもともと何らかの障害があり、そのことへの適切なケアがなかったため学力が低くなっている場合。

　・明らかな障害がなくても、それまでの生活環境から十分な学習の機会がなく、学力不振や不適応がみられる場合。

学校以外の地域資源を活用したり、必要な場合医学的なケアも行ったりしながら学校場面での支援を図る。

　・入所型児童福祉施設に関する知識をあまりもっていない教員も多い。

　・施設においては日頃から担任やスクールソーシャルワーカーとの連絡を密にする。

　・学校全体の教職員と情報交換を行うなどの機会をもつ。

　・施設入所には至っていなくても、様々な家庭環境の問題を抱えた子どもたちがいる。そのような子どもたちへの支援における連携も心がける。

＊11　〔Eco-map〕社会資源とクライアント（被支援者）の相互関係を示す図。ハルトマン（A.Hartman）によって開発された。クライアントの置かれている環境をアセスメントするために使われる。

＊12　厚生労働省「Ⅰ－6　児童の心身の状況」「児童養護施設入所児童等調査結果の概要（平成30年2月1日現在）」、2020年

　なお児童養護施設や母子生活支援施設には不登校の子どもたちも入所している。不登校の子どもに対応できるかどうかは、各施設の職員体制や利用できる地域資源の有無にもかかわるので、児童相談所とも十分協議する必要がある。

（2）入所児童の学習上の課題とその支援

　図3を見てみよう。入所児童には学力に課題がある者が3割以上いることがわかる。

学力不振への対応

・低年齢期は比較的順調にみえていても、学年が上がるにつれて特に成績の不振が目立ってくることが多い。
・まず毎日の学習習慣を職員とともにつけることが大切。
・各施設で学習ボランティアの育成にも努めている。施設によっては特別支援教育専攻の学生をあてたりするなどの工夫も重ねている。
・学校選択、進路選択については、児童相談所と連携して検討する。

図3　入所児童の学業の状況

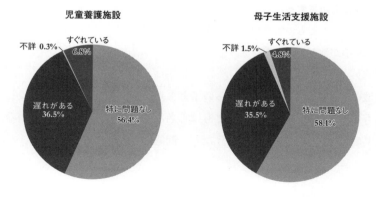

児童養護施設　　　　　　　　母子生活支援施設

不詳 0.3%　すぐれている 6.8%
遅れがある 36.5%　特に問題なし 56.4%

不詳 1.5%　すぐれている 4.8%
遅れがある 35.5%　特に問題なし 58.1%

出所：「Ⅰ－9　学業の状況」［厚生労働省 2020］（＊12前掲）をもとに作成

表1　中学・高校卒業後の進学率

	全　　国	児童養護施設児
高校・専修学校等進学率	99.2%	97.8%
大学・専修学校等進学率	77.1%	38.5%

出所：こども家庭庁「社会的養育の推進に向けて（令和5年10月）」、2023年

　子どもたちの義務教育修了後の可能性を拡大するために、近年措置費における教育及び自立支援関係経費の改善が図られている。学習塾や学習ボランティアのための費用、資格取得などのための諸費用も措置費で支出可能となっている。児童養護施設のほか、児童自立支援施設、児童心理治療施設、里親、ファミリーホーム、母子生活支援施設の子どもたちも対象である。[13]

（3）学校でのトラブルの実際

　近年、心理的課題を抱えた子どもの増加に伴って、幼児教育施設や学校場面でのトラブルが頻発している。

❖入所児童が学校などで起こす問題行動[14]

　　・ほかの子どもとのコミュニケーション上の問題を起こす。
　　・授業を妨害する。
　　・ほかの子どもの所有物と自分の物との区別がつけられない。
　　・相手が嫌がることを行う。

　地域の学校では、同じ施設からの子どもがクラスに複数名固まってしまうこともある。また施設からの子どもは1名であっても、クラスのほかの子どもも共鳴して一緒になってしまうなど、問題の要因は多様である。

---

*13　厚生労働省「社会的養護における自立支援に関する資料」、2017年、p.26
*14　松原由美ほか「児童養護施設と学校の連携の現状と課題について」『QOL研究機構社会福祉学研究所研究・活動報告』九州保健福祉大学QOL研究機構社会福祉学研究所、2018年、p.27

❖問題への対応

- 問題が発生する前に、学校側と協力関係をつくる。
- 教員と職員が問題への共通の理解と見通しを育て、統一的な対応をする。
- 必要に応じて、施設の職員が授業に付き添う。
- 児童相談所や**教育委員会**へ相談したり、スクールソーシャルワーカー、**スクールカウンセラー**を利用する。

（4）狭間にいる子どもたちへの支援

　児童福祉施設には、通常学級と**特別支援学級**の境界にいるような、様々な課題が重複している子どもたちが多い。特別支援学級とは、学校教育法改正（2007年4月施行）により、従来の「特殊学級」「障害児学級」に代わって設置されたもので、知的障害児、肢体不自由児、身体虚弱児、弱視児、難聴児等が該当する。

　また、軽度の障害のある子どもについては、通常学級に在籍しながら障害に応じた指導を特別の場で行う**通級指導教室**も各地にできてきている。通級指導教室では個別学習や小集団指導を行うことが多く、子どもたちは自分のペースで、誰かと比較されることなく学べるので自信を得る場面を増やすことができる。ただし施設内で、通常学級と特別支援学級等に通う子どもが混在する場合、いじめや差別などにつながらないように配慮が求められる。

　現在は障害児を受け入れる幼児教育施設のほか障害児通所支援サービスを受けることも可能となっている。[15]子どもの発達状況に応じて少しでも早くから発達を促せるような社会資源を開拓し利用することが必要である。その際には児童相談所をはじめ関係機関と、子どもの将来を見越して療育手帳を取得するかどうかなどの判断を含め総合的に検討していくことが望まれる。

---

*15　厚生労働省「里親に委託されている児童が保育所へ入所する場合等の取扱いについて」、1999年（2021年3月一部改正）

地域住民と施設

§1 地域と施設の関係

1. 地域住民との交流

　地域との関係においては、民生委員・児童委員だけでなく、施設の近隣のほかの福祉施設職員、住民や学校の保護者、自治会会員などとも連携することが重要である。また、起こりうるトラブルを予測して予防したり、関係を調整したり、養護の専門性を通じて貢献できたりするように施設職員全体の力量を高めることが求められる。

（1）施設にとってのメリット

子どもたちの世界が広がり、将来のモデルを与えることができる

・児童養護施設や母子生活支援施設だけでなく、児童自立支援施設（第2章Ⅱ§4-1.〔p. 114-〕）でも、子どもたちに施設外でのアルバイトを推奨している例もある。

・「施設の外にある家」に迎えられ、生活や家族の様子を垣間見ることは子
　どもにとって重要な体験である。また地域の**児童館**などを利用することで、
　放課後や休みの日の友人たちとのつきあいが広がることにもなる。

養護の適切化が期待できる

・地域とつながることによって家庭や社会一般で行われている生活のあり方
　に気づくことができる。
・地域の人が施設に入ることにより、知らず知らずに陥りがちな不適切な養
　護に、一般の常識の目で気づくことができる。

（2）地域にとってのメリット

・乳児院（📖第2章Ⅱ§2-1.〔p.89-〕）、児童養護施設では、ショートステイ、
　トワイライトステイなどのほか、子育て支援情報の提供などのサービスを
　行っている。
・施設内行事やクラブ活動へ地域の子どもを招待している場合もある。
・施設の設備や職員の専門性を提供し、地域に貢献できる。

2．地域のボランティアと施設

（1）ボランティアの受け入れ

　地域と施設との具体的な仲介役ともなる**ボランティア**は重要な存在で、施
設にいる子どもたちの権利擁護に果たす役割も小さくない。

❖ボランティア導入にあたっての注意点

・活動内容を施設側が明確にし、守秘義務を記載した契約書などを作成する。
・ボランティア自身の動機づけや適性を十分見極め、人物を確認する。
・子どもへの禁止事項や配慮すべきことを明確に示す。

　職員と同様ボランティアも、プライバシーの侵害、体罰などの不適切なかかわり（マルトリートメント 語句 p. 163）、性的な嫌がらせや、特に宗教、信条などの押しつけなどは禁じられる。禁止事項については最初に明確に伝えておく。

（2）ボランティア活動中の留意点

　ボランティア活動の内容は、施設の行事運営、外出の際の付き添い、学習支援や遊び相手など、多様である。職員は、活動の観察を通じてボランティアの「バーンアウト」「共依存」（語句 第1章Ⅱ§2 〔p. 63〕）や、「ボランティアと子どもとの関係」に配慮する。活動が定着しないボランティアとのかかわりは、子ども自身に「自分が何か悪かったのではないか」という思いを抱かせたり、その後に入るボランティアとの関係にも影響を与えたりするので好ましくない。

　ボランティアと子どもとの関係について、子ども自身がどう思っているかを職員が聞けること、職員とボランティアとの意思疎通が図れること、また単独ではなくチームを組んでボランティア活動を行い、メンバー間で相互支援できるようにするなどの工夫が必要である。

（3）「福祉的視点」をもった住民の重要性

　将来福祉職に就かなかったとしても、福祉を学んだことを生かすことができる。福祉を学校で学ぶことは、将来どんな意味があるだろうか。

❖ 福祉を学んだ学生が住民として活動する意味

- 地域に利用者を理解する人がいれば、施設の利用者の失敗を、地域とのつながりを強めるチャンスにできる。
- 入所児童の人権擁護を、人権について専門的な支援方法を学んだ住民によってなすことができる。
- 地域を広い視野からみて、地域の別な資源と、施設を必要に応じて結びつけることができる。

　また福祉を学んだ学生が将来ボランティアとして活動すれば、より子どもたちに有益な形で活動を発展させることができるであろう。

　実際施設の働きは、多くの企業ボランティアなどによっても支えられている。様々な分野において**福祉的視点**が存在し、それらが有機的に施設にかかわることによって、子どもたちがより幅広く支援されていくことになる。

（4）ボランティアによる子どもの権利擁護

　施設ボランティアは第三者評価（第1章Ⅰ§4‐1.〔p.46‐〕）や苦情解決の仕組み（第1章Ⅰ§4‐2.〔p.50‐〕）と同様に、入所児童の最善の利益を守る機能をもっている。施設は「理解者を増やしていく」という発想でボランティアを受け入れることが必要である。知識・技術が不十分なボランティアもいるが、「育てる」という立場からかかわる必要があろう。そのためには、施設保育士が、**ボランティアコーディネート**を自分の仕事として考えることが必要である。

近所の人が入所児童の相談相手になった事例

　中学2年生のF子さんには仲の良いG子さんという友人がいる。G子さんの家はその地域に祖父母の代から住んでいて地域に顔が広かった。F子さんはしばしばG子さんの家を訪ねるうちに、G子さんの5つ違いの姉Aさんとも仲良くなり、そのうちに勉強をみてもらうようになり、将来の相談などもするようになっていた。

　Aさんは高校を卒業してから一時会社にも勤めたが、今は実家で両親を助けて働いている。とても親切で面倒見が良く、F子さんが勉強が好きではないので進学はしないというのなら、中学校を卒業した後アルバイトに雇ってあげてもいいよ、と言うようになっている。F子さんはAさんと親しくなるにつれて、施設に対する不満ももちだし相談しているらしいことに担当職員は気がつくようになった。

　《Q1》F子さんとAさんとの関係で良い点はどんなところがあるだろうか。

　《Q2》F子さんへのAさんのかかわり方で、どのような点に課題があるだろうか。

　《Q3》Aさんとの関係で、施設の職員もかかわった方がよいことには、どのような点があるだろうか。

確認
してみよう

地域住民との関係調整

Q1

◇ 地域の自然な人間関係の中で、相談できる相手を見つけることができている。

◇ Ａさんは F 子さんとあまり年齢が離れておらず、適度に社会経験があり、背後にしっかりした家族がある。

Q2

◇ F 子さんと Ａさんの交友関係について、職員も F 子さんに話を聞きながら、ある程度は把握しておく必要がある。

◇ Ａさんは一生懸命応援しているつもりであっても、F 子さんの事情を正確に知っているわけではないので、職員にも十分相談するように F 子さんに確認した方がよい。

Q3

◇ F 子さんが一方的に Ａさんに依存しないように、職員の側からも客観的な情報を伝え、一緒に考えるようにする。

◇ 不満を Ａさんに伝えたこと自体は、職員が知ったとしてもすぐにとがめたりせずに、別の場で F 子さんの気持ちを十分に聞けるように配慮する。

引用文献・参考文献

●書籍、論文

相澤仁編集代表『施設における子どもの非行臨床——児童自立支援事業概論』明石書店、2014年

浅井春夫、黒田邦夫編著『〈施設養護か里親制度か〉の対立軸を超えて——「新しい社会的養育ビジョン」とこれからの社会的養護を展望する』明石書店、2018年

バイステック, F. P.（尾崎新、福田俊子、原田和幸訳）『ケースワークの原則——援助関係を形成する技法』（新訳改訂版）誠信書房、2006年

母子愛育会日本子ども家庭総合研究所編『子ども虐待対応の手引き——平成25年8月厚生労働省の改正通知』有斐閣、2014年

ボウルビィ, J.（黒田実郎訳）『乳幼児の精神衛生』（大学教養双書）岩崎学術出版社、1967年

Children's Views&Voices、長瀬正子『社会的養護の当事者支援ガイドブック——CVVの相談支援』、2016年

古荘純一、磯崎祐介『教育虐待・教育ネグレクト——日本の教育システムと親が抱える問題』光文社、2015年

ジャーメイン, C.ほか（小島蓉子編訳・著）『エコロジカルソーシャルワーク——カレル・ジャーメイン名論文集』学苑社、1992年

長谷川眞人編著『子どもの権利ノートの検証——子どもの権利と人権を守るために——乳児院・児童養護施設・里親・児童相談所必携』三学出版、2010年

ヘイズ=グールド, J.、モリス, A. S.（菅原ますみほか監訳）『小児期の逆境的体験と保護的体験——子どもの脳・行動・発達に及ぼす影響とレジリエンス』明石書店、2022年

菱川愛、渡邉直、鈴木浩之編著『子ども虐待対応におけるサインズ・オブ・セーフティ・アプローチ実践ガイド——子どもの安全を家族とつくる道すじ』明石書店、2017年

ホフマン, L.（亀口憲治訳）『家族療法の基礎理論——創始者と主要なアプローチ』朝日出版社、2006年

家庭養護促進協会神戸事務所『もうひとつの親子——養子縁組というかたち』エピック、2012年

川村隆彦『ソーシャルワーカーの力量を高める理論・アプローチ』中央法規出版、2011年

川崎淳／社団法人日本てんかん協会編『「てんかん」入門シリーズ1 てんかん発作こうすればだいじょうぶ——発作と介助』クリエイツかもがわ、2008年

木全和巳、堀場純矢、安形元伸、吉村譲著『児童養護施設でくらす「発達障害」の子どもたち——理解と支援への手掛かり』福村出版、2010年

北川清一『児童養護施設のソーシャルワークと家族支援——ケース管理のシステム化とアセスメントの方法』明石書店、2010年

小林英義、小木曽宏編著『児童自立支援施設の可能性——教護院からのバトンタッチ』ミネルヴァ書房、2004年

小林英義、吉岡一孝編著『児童自立支援施設の子どもと支援——夫婦制、ともに暮らす生活教育』明石書店、2011年

近藤直司『医療・保健・福祉・心理専門職のためのアセスメント技術を高めるハンドブック——ケースレポートの方法からケース検討会議の技術まで 第2版』明石書店、2015年

厚生省児童家庭局家庭福祉課監修『児童自立支援ハンドブック』財団法人日本児童福祉協会、1998年

久保田まり「児童虐待における世代間連鎖の問題と援助的介入の方略」『季刊社会保障研究』45（4）、2010年

リンドグレーン, A.（石井登志子訳）『暴力は絶対だめ！』岩波書店、2015年

前田研史編著『児童福祉と心理臨床——児童養護施設・児童相談所などにおける心理援助の実際』福村出版、2009年

マグワァイア, L.（小松源助、稲沢公一訳）『対人援助のためのソーシャルサポートシステム——基礎理論と実践課題』川島書店、1994年

摩尼昌子「乳児院での愛着——当院の考えを中心に」『そだちの科学』通巻7号、日本評論社、2006年

増沢高『事例で学ぶ社会的養護児童のアセスメント——子どもの視点で考え、適切な支援を見出すために』明石書店、2011年

松原由美ほか「児童養護施設と学校の連携の現状と課題について」『QOL研究機構社会福祉学研究所研究・活動報告』九州保健福祉大学QOL研究機構社会福祉学研究所、2018年

宮口智恵、河合克子『虐待する親への支援と家族再統合——親と子の成長発達を促す「CRC親子プログラムふぁり」の実践』明石書店、2015年

森田ゆり編著『虐待・親にもケアを——生きる力をとりもどすMY TREEプログラム』築地書館、2018年

長瀬正子「子どもに「権利を伝える」ことの一考察——全国の改訂された『子どもの権利ノート』を中心に」『愛知県立大学教育福祉学部論集』66、2018年

西澤哲『子どものトラウマ』講談社、1997年

西澤哲『子ども虐待』講談社、2010年

リード, K.E. (大利一雄訳)『グループワークの歴史——人格形成から社会的処遇へ』勁草書房、1992年

リッチモンド, M.E.(小松源助訳)『ソーシャル・ケース・ワークとは何か』中央法規出版、1991年

ライアン, T、ウォーカー, R. (才村真理ほか監訳)『生まれた家族から離れて暮らす子どもたちのためのライフストーリーワーク実践ガイド』福村出版、2010年

才村眞理編著『生まれた家族から離れて暮らす子どもたちのためのライフストーリーブック』福村出版、2009年

斉藤幸芳、藤井常文編著『児童相談所はいま——児童福祉司からの現場報告』ミネルヴァ書房、2012年

千賀則史『子ども虐待家族再統合に向けた心理的支援——児童相談所の現場実践からのモデル構築』明石書店、2017年

社会的養護の当事者参加推進団体日向ぼっこ編著『「日向ぼっこ」と社会的養護——施設で育った子どもたちの居場所』明石書店、2009年

白川美也子『赤ずきんとオオカミのトラウマ・ケア——自分を愛する力を取り戻す〈心理教育〉の本』アスク・ヒューマン・ケア、2016年

庄司順一『保育の周辺——子どもの発達と心理と環境をめぐる30章』明石書店、2008年

末光茂、大塚晃監修『医療的ケア児等支援者養成研修テキスト』中央法規出版、2017年

杉山登志郎『発達障害のいま』講談社、2011年

高橋亜美、早川悟司、大森信也『子どもの未来をあきらめない 施設で育った子ども
　　の自立支援』明石書店、2015年

髙橋重宏ほか「子どもへの不適切な関わり（マルトリートメント）」のアセスメント基
　　準とその社会的対応に関する研究（2）」『日本総合愛育研究所紀要』32、1995年

武田健、米沢普子『里親のためのペアレントトレーニング』ミネルヴァ書房、2014年

滝川一廣『子どものための精神医学』医学書院、2017年

東京都社会福祉協議会児童部会リービングケア委員会編『Leaving Care ——児童養
　　護施設職員のための自立支援ハンドブック』（改訂4版）東京都社会福祉協議会、
　　2008年

友田明美『子どもの脳を傷つける親たち』NHK出版、2017年

坪井節子『困難を抱える子どもにどう寄り添うか』ジアース教育新社、2022年

津崎哲雄監修・著訳（レイサ・ペイジ、ジョージ・A・クラーク原著編）『養護児童の声
　　——社会的養護とエンパワメント』福村出版、2010年

吉田眞理編著『児童の福祉を支える社会的養護I』第2版、萌文書林、2023年

吉川悟、東豊『システムズアプローチによる家族療法のすすめ方』ミネルヴァ書房、
　　2001年

養子と里親を考える会編著『里親支援ガイドブック——里親支援専門相談員等の
　　ソーシャルワーク』エピック、2016年

吉澤英子、吉田眞理編著『社会福祉施設の理解を深めるために——これからの実習
　　教育のあり方』樹村房、2006年

●厚生労働省及びこども家庭庁資料、通知、報告書

「懲戒に係る権限の濫用禁止について」、1998年2月
　　　　▶http://www.ipss.go.jp/publication/j/shiryou/no.13/data/shiryou/syakaifukushi/677.pdf

「里親及びファミリーホームに委託されている児童が保育所へ入所する場合等の取
　　扱いについて」、1999年（2021年3月一部改正）
　　　　▶https://www.cao.go.jp/bunken-suishin/teianbosyu/doc/r02/tb_r2fu_12mhlw_206.pdf

「児童養護施設等における入所者の自立支援計画について」（記載要領）、2005年8月
　　　　▶https://www.mhlw.go.jp/bunya/kodomo/pdf/tuuchi-37.pdf

「『児童自立支援施設のあり方に関する研究会』報告書」、2006年2月
　　　　▶http://www.mhlw.go.jp/shingi/2006/02/s0228-2.html

「児童福祉施設における施設内虐待の防止について」、2006年10月

▶https://www.mhlw.go.jp/web/t_doc?dataId=00tb3433&dataType=1&pageNo=1

「被措置児童等虐待対応ガイドラインについて（通知）」、2009年（2022年一部改正）

▶https://www.mhlw.go.jp/content/000989949.pdf

「里親委託ガイドラインについて」、2011年（2021年3月一部改正）

▶https://www.mhlw.go.jp/content/000803837.pdf

「社会的養護の課題と将来像」、2011年7月

▶http://www.mhlw.go.jp/stf/shingi/2r9852000001j8zz.html

「「社会的養護の課題と将来像」に基づく当面の省令改正の概要」、2011年9月

▶https://www.mhlw.go.jp/bunya/kodomo/syakaiteki_yougo/dl/21.pdf

「児童養護施設等及び里親等の措置延長について」、2011年12月

▶https://www.mhlw.go.jp/stf/shingi/2r985200000202we-att/2r9852000002031j.pdf

「児童養護施設等の小規模化及び家庭的養護の推進のために」、2012年11月

▶http://www.mhlw.go.jp/bunya/kodomo/pdf/tuuchi-92.pdf

「児童養護施設等の小規模化及び家庭的養護の推進のために（概要）」、2012年12月

▶https://www.mhlw.go.jp/seisakunitsuite/bunya/kodomo/kodomo_kosodate/syakaiteki_
yougo/dl/working4.pdf

「子ども虐待対応の手引きの改正について」「子ども虐待対応の手引き」（平成25年8
月改正版）、2013年8月

▶http://www.mhlw.go.jp/seisakunitsuite/bunya/kodomo/kodomo_kosodate/dv/130823-0
1.html

「社会的養護関係施設における親子関係再構築支援事例集」、2013年3月

▶https://www.mhlw.go.jp/seisakunitsuite/bunya/kodomo/kodomo_kosodate/syakaiteki_
yougo/dl/working7.pdf

「社会的養護関係施設における親子関係再構築支援ガイドライン」、2014年3月

▶https://www.mhlw.go.jp/seisakunitsuite/bunya/kodomo/kodomo_kosodate/syakaiteki_
yougo/dl/working9.pdf

「社会的養護の課題と将来像の実現に向けて」、2016年1月

▶https://www.hoyokyo.or.jp/nursing_hyk/reference/27-3s2-2.pdf

「児童福祉法等の一部を改正する法律案に対する附帯決議（平成28年5月26日参議院
厚生労働委員会）」、2016年5月

▶https://www.sangiin.go.jp/japanese/gianjoho/ketsugi/190/f069_052601.pdf

「社会的養護における自立支援に関する資料」、2017年2月
▶https://www.mhlw.go.jp/file/05-Shingikai-11901000-Koyoukintoujidoukateikyoku-Soumuka/0000153136.pdf

「親子関係再構築支援実践ガイドブック」、2017年3月
▶https://www.mhlw.go.jp/file/06-Seisakujouhou-11900000-Koyoukintoujidoukateikyoku/0000174958.pdf

「社会的養護自立支援事業等の実施について」、2017年3月
▶https://www.mhlw.go.jp/file/06-Seisakujouhou-11900000-Koyoukintoujidoukateikyoku/0000167411.pdf

「新しい社会的養育ビジョン」、2017年8月
▶https://www.mhlw.go.jp/file/05-Shingikai-11901000-Koyoukintoujidoukateikyoku-Soumuka/0000173888.pdf

「児童養護施設等の小規模化における現状・取組の調査・検討報告書」、2017年9月
▶https://www.mhlw.go.jp/file/06-Seisakujouhou-11900000-Koyoukintoujidoukateikyoku/0000174956.pdf

「社会的養護の現状について」、2017年12月
▶https://www.mhlw.go.jp/file/06-Seisakujouhou-11900000-Koyoukintoujidoukateikyoku/0000187952.pdf

「子ども・若者ケアプラン（自立支援計画）ガイドライン」、2018年3月
▶https://www.mhlw.go.jp/content/000348508.pdf

「体罰等によらない子育てのために―みんなで育児を支える社会に」、2020年2月
▶https://www.mhlw.go.jp/content/11920000/minnadekosodate.pdf

「社会的養育の推進に向けて」、2023年10月
▶https://www.cfa.go.jp/policies/shakaiteki-yougo/

「社会的養護の指針」「社会的養護の施設運営ハンドブック」
▶https://www.cfa.go.jp/policies/shakaiteki-yougo/

●統計調査
「児童養護施設入所児童等調査結果の概要（平成30年2月1日現在)」、2020年1月
▶https://www.mhlw.go.jp/content/11923000/001077520.pdf

「子ども虐待による死亡事例等の検証結果等について（第18次報告)」、2022年9月
▶https://www.mhlw.go.jp/content/11900000/02.pdf

「令和3年社会福祉施設等調査の概況」、2022年12月
▶https://www.mhlw.go.jp/toukei/saikin/hw/fukushi/21/dl/gaikyo.pdf

「令和3年度福祉行政報告例の概況」、2023年1月
▶https://www.mhlw.go.jp/toukei/saikin/hw/gyousei/21/dl/gaikyo.pdf

「2022(令和4)年国民生活基礎調査の概況」、2023年7月
▶https://www.mhlw.go.jp/toukei/saikin/hw/k-tyosa/k-tyosa22/dl/14.pdf

●活動・事業・報告報告書、パンフレット

チャイルドファーストジャパン(CFJ)研修案内「子どもを守るパズルの1ピースとして子ども虐待に対応する RIFCR™(リフカー)研修」
▶https://cfj.childfirst.or.jp/rifcr/

神奈川県児童相談所における『性的虐待調査報告書』第1回–第5回、2004-2023年
▶https://www.pref.kanagawa.jp/documents/15797/file4.pdf

子ども情報研究センター「「都道府県児童福祉審議会を活用した子どもの権利擁護の仕組み」調査研究報告書」(平成29年度子ども・子育て支援推進調査研究事業)、2018年
▶https://kojoken.jp/user/media/kodomojoho/page/pdf/report04.pdf

「子供の貧困対策に関する大綱——日本の将来を担う子供たちを誰一人取り残すことがない社会に向けて」、2019年
▶https://www8.cao.go.jp/kodomonohinkon/pdf/r01-taikou.pdf

児童自立支援計画研究会編『子ども・家族への支援計画を立てるために——子ども自立支援計画ガイドライン』、2005年

日本弁護士連合会「子どもの権利条約 報告書審査」
▶https://www.nichibenren.or.jp/activity/international/library/human_rights/child_report-1st.html

日本知的障害者福祉協会「令和3年度全国知的障害児入所施設実態調査報告」、2022年
▶http://www.aigo.or.jp/choken/pdf/r3jinyu1chosa.pdf

東京都総務局人権部人権施策推進課「性自認・性的指向 多様な「性」があること、知っていますか？」、2023年

全国児童相談所長会「全国児童相談所における家庭支援への取り組み状況調査報告書」全児相 通巻第87号別冊、2009年
▶http://www.zenjiso.org/wp-content/uploads/2015/03/ZENJISO087ADD.pdf

全国乳児福祉協議会広報・研修委員会編「改訂新版 乳児院養育指針」全国社会福祉
　　　協議会、2015年

全国社会福祉協議会「分野別の取り組み 社会福祉法人・社会福祉施設 倫理綱領」
　　　▶https://www.shakyo.or.jp/bunya/houjin/riyousha/index.html

全国社会福祉協議会・全国母子生活支援施設協議会「令和2年度全国母子生活支援
　　　施設実態調査報告書」、2021年

全国社会福祉協議会・全国退所児童等支援事業連絡会「社会的養護施設等の退所児
　　　童に関する支援の実態把握等調査研究等事業報告書」、2017年
　　　▶https://www.shakyo.or.jp/tsuite/jigyo/research/2016/170428taishojidou/houkoku.pdf

全国社会福祉協議会・全国児童養護施設協議会「この子を受け止めて、育むために
　　　——育てる、育ちあういとなみ　児童養護における養育のあり方に関する特別
　　　委員会報告書」、2008年

● **各機関・施設のウェブサイト**

アフターケア事業全国ネットワーク えんじゅ
　　　▶https://enjunet.org/

母子生活支援施設協議会
　　　▶https://zenbokyou.jp/

チャイルドファーストジャパン
　　　▶https://cfj.childfirst.or.jp/

神奈川県立こども医療センター 重症心身障害児施設
　　　▶https://kcmc.kanagawa-pho.jp/department/jyuusin

子どもの権利を擁護・推進する子どもすこやかサポートネット
　　　▶http://www.kodomosukoyaka.net/

国立きぬ川学院
　　　▶https://www.mhlw.go.jp/sisetu/kinugawa/index.htm

国立武蔵野学院
　　　▶https://www.mhlw.go.jp/sisetu/musashino/

日本知的障害者福祉協会
　　　▶http://www.aigo.or.jp/

日本てんかん協会「てんかんについて」
　　　▶https://www.jea-net.jp/epilepsy

社会福祉法人二葉保育園二葉乳児院

▶https://www.futaba-yuka.or.jp/int_nyu/

社会福祉法人天童会秋津療育園

▶http://www.tendoukai.net/

社会福祉法人全国重症心身障害児（者）を守る会

▶http://www.normanet.ne.jp/~ww100092/network/

東京都福祉保健局東京都立府中療育センター「大島分類」

▶https://www.fukushi.metro.tokyo.lg.jp/fuchuryo/Main/zyushintoha.html

全国児童心理治療施設協議会

▶https://zenjishin.org/

全国児童養護施設協議会

▶https://www.zenyokyo.gr.jp/

全国乳児福祉協議会

▶https://www.nyujiin.gr.jp/

全国肢体不自由児施設運営協議会

▶http://www.unkyo.jp/

※URLは全て2023年11月1日アクセス

索　引

- 文献などを除く本文（「Column」「学びのヒント」を含む）について、下記に挙げる語句が記載される頁を示した。
- 脚注については、引用書名・資料名などを除く解説文のみを対象とした。
- その語が太字記載される頁、または見出しとして記載される頁のうち主なものは**太字**、脚注にのみ記載される頁はゴシック体で示した。

編著者紹介

吉田眞理（よしだ まり）──────────────────●
〈第1章Ⅰ§1〜2・§4・Ⅱ§1・§2（共筆）、第3章Ⅲ§1〉

① 大正大学大学院人間学研究科博士課程福祉・臨床心理学専攻社会福祉修了 博士（人間学）
／小田原短期大学学長
② 地域子育て支援、児童福祉、家庭支援、住民（ボランティア）活動
③ 『児童の福祉を支える子ども家庭支援論』（萌文書林、2019年）、『児童の福祉を支える社会的養護Ⅰ』（萌文書林、2019年、編著）、『児童の福祉を支える子ども家庭福祉』（萌文書林、2018年）、『保育する力』（ミネルヴァ書房、2018年、監修）、『生活事例からはじめる社会福祉』（青踏社、2008年）、『よくわかる子育て支援・家族援助論』（大豆生田啓友・太田光洋・森上史朗編、ミネルヴァ書房、2008年、共著）、他多数
④ 社会的養護の学びを活用していくことにより、「子どもの最善の利益」を守れる保育者に一歩近づけるのではないでしょうか。

執筆者紹介

髙橋一弘（たかはし かずひろ）──────────────●
〈第1章Ⅰ§3（共筆）、第2章、第3章Ⅰ§1（共筆）、第4章Ⅰ§1（共筆）〉

① 大正大学大学院文学研究科修士課程社会福祉学専攻修了（文学修士）／大正大学名誉教授
② 児童家庭福祉、児童家庭福祉領域のソーシャルワーク
③ 『児童の福祉を支える 社会的養護Ⅰ』（吉田眞理編著、萌文書林、2019年、共著）、『ソーシャルワーク実習［改訂版］』（大正大学人間学部社会福祉学科編、大正大学出版会、2018年、共著）、『子ども家庭福祉論──子どもの人権と最善の利益を守るために』（松本寿昭編著、相川書房、2008年、共著）、『保育・福祉のための社会福祉援助技術事例研究』（市川隆一郎・成瀬光一編著、建帛社、2007年、共著）
④ 施設で暮らす子どもたちの思いや願いをよく理解し、実践力ある保育士になってください。

村田紋子（むらた あやこ）──────────────────●
〈第1章Ⅰ§3（共筆）・Ⅱ§2（共筆）、第3章Ⅰ§1（共筆）・§2〜3・Ⅱ・Ⅲ§2、第4章Ⅰ§1（共筆）・§2・Ⅱ〉

① 大正大学大学院文学研究科修士課程社会福祉学専攻修了（文学修士）／児童養護施設児童指導員、小田原短期大学保育学科准教授、更生施設等相談員を経て、現在、生活困窮者自立支援事業相談員、自立援助ホーム非常勤職員
② 児童養護施設における権利擁護のあり方・子ども虐待と社会的排除
③ 「社会福祉士による刑事施設退所者への社会復帰支援の「視座」と「手法」に関する一考察──『子ども虐待』の視点から」（『鴨台社会福祉学論集』第29号、2021年）、『児童の福祉を支える 社会的養護Ⅰ』（吉田眞理編著、萌文書林、2019年、共著）、「児童養護施設における「養育者」による性的虐待防止の方策について」（『小田原短期大学紀要』第45号、2015年）
④ 現場の課題を発見し解決できるよう、学びを深めてください。

──

① 最終学歴、経歴、現職　② 主な研究領域、興味のある分野等　③ 主著　④ 読者へのメッセージ

（五十音順／敬称略／〈　〉内は執筆担当箇所）※現職所属は執筆時

〈企画〉 小舘静枝（こだて しずえ）

小田原短期大学名誉学長

〈イラスト〉 柴田彰彦

〈装丁〉 永井佳乃

児童の福祉を支える 〈演習〉社会的養護 II

2019年2月15日　初版第1刷発行
2023年4月1日　初版第5刷発行
2023年12月28日　第2版第1刷発行

編著者　吉　田　眞　理

著　者　高　橋　一　弘

村　田　紋　子

発行者　服　部　直　人

発行所　㈱ 萌 文 書 林
〒113-0021　東京都文京区本駒込6-15-11
Tel. 03-3943-0576　Fax. 03-3943-0567
https://www.houbun.com
info@houbun.com

印刷・製本　シナノ印刷株式会社
〈検印省略〉

©Mari Yoshida 2019 Printed in Japan　ISBN 978-4-89347-420-9 C3037